História & Modernismo

HISTÓRIA &... REFLEXÕES

Monica Pimenta Velloso

História & Modernismo

autêntica

Copyright © 2010 Monica Pimenta Velloso

COORDENADORES DA COLEÇÃO HISTÓRIA &... REFLEXÕES
Eduardo França Paiva
Carla Maria Junho Anastasia

PROJETO GRÁFICO DE CAPA
Alberto Bittencourt
Reprodução do desenho "la Sirène" no livro La poesie d'aujourd'hui de Jean Epstein. Paris, èditions de la Sirène, 1921.

EDITORAÇÃO ELETRÔNICA
Idea Info Design

REVISÃO
Dila Bragança

Revisado conforme o Novo Acordo Ortográfico.

Todos os direitos reservados pela Autêntica Editora. Nenhuma parte desta publicação poderá ser reproduzida, seja por meios mecânicos, eletrônicos, seja via cópia xerográfica, sem a autorização prévia da Editora.

AUTÊNTICA EDITORA LTDA.
Rua Aimorés, 981, 8º andar. Funcionários
30140-071. Belo Horizonte. MG
Tel: (55 31) 3222 68 19
Televendas: 0800 283 13 22
www.autenticaeditora.com.br

Dados Internacionais de Catalogação na Publicação (CIP)
(Câmara Brasileira do Livro)

Velloso, Monica Pimenta
História & Modernismo / Monica Pimenta Velloso. – Belo Horizonte : Autêntica Editora, 2010. – (Coleção História &... Reflexões, 14)

Bibliografia.
ISBN 978-85-7526-479-9

1. Cultura moderna 2. História cultural 3. Historicismo 4. Modernismo 5. Modernismo - Estética I. Título. II. Série.

10-05888 CDD-306.09

Índices para catálogo sistemático:
1. Modernismo : Cultura : Sociologia : História   306.09

Não se deve esquecer que a palavra *moderno* muda perpetuamente de sentido, o que a torna, sem dúvida, de difícil manejo, dando sempre a seus adversários a sensação de perseguir a sua sombra. Mas é, também, o que faz a sua grandeza.
Louis Aragon

A alegria como a prova dos nove.
Oswald de Andrade

A José Clemente, meu pai, *in memoriam.*

Sumário

INTRODUÇÃO - Moderno, modernidade e modernismo 11
A crítica ao paradigma de 1922.......................22
*"Só para nós vivem todas as coisas sob o sol";
o modernismo latino*.................................30
Geração de 1898: a luta inglória dos intelectuais...34

CAPÍTULO I - Em busca da brasilidade modernista 39
A "Escola de Recife": "um bando de ideias novas"........40
*"Eu vi o mundo... ele começava no Recife": o regional,
o universal e o moderno*..............................46
Além da casa grande: Gilberto Freyre revisitado.....50
Diálogos com a história............................55
O mineirismo e o "sentimento do mundo".............60
Polêmicas entre Manu e Alphonsus...................63
Olhares distintos sobre o horizonte................66

CAPÍTULO II - Sensibilidades modernistas e vida cotidiana 75
"Essa não é a República dos meus sonhos"........... 77
Pintor do eterno e das circunstâncias: a obra do caricaturista...... 81
"Modernismo não é Escola, é um estado de espírito"...... 85

CAPÍTULO III - Modernistas, apolíneos, dionisíacos 91
"Kodaquizando" o progresso.........................95
A obra do artesão..................................97
Um boxeur na arena modernista.....................101

REFERÊNCIAS..113

INTRODUÇÃO

Moderno, modernidade e modernismo

Os termos "moderno", "modernidade" e "modernismo" são correlatos, mas não têm o mesmo significado. Frequentemente assumem caráter fronteiriço, devido ao incessante entrecruzamento de seus sentidos. Um termo esclarece a razão de ser do outro, iluminando-se reciprocamente. É necessário, portanto, entendê-los no contexto histórico de origem rastreando-se toda essa polissemia.

Uma primeira dificuldade que enfrentamos refere-se à natureza esquiva, ambígua e mutável do termo moderno. Ele é transitório por natureza; é aquilo que existe no presente. O moderno do ano passado seguramente não é o moderno deste ano. Nessa condição, conforme observa Octavio Paz, em *A outra voz*, o contemporâneo torna-se uma qualidade que se desvanece, assim que a enunciamos. Isso nos faz concluir que existem tantas modernidades e antiguidades quanto épocas e sociedades.

A cada época são criados novos valores, inventos e denominações. Quando nos referimos aos tempos modernos, à mulher moderna, ao espírito moderno, ao estilo moderno e ao mal moderno, mesmo inconscientemente, estamos nos reportando à associação entre tempo e história. Fica clara a abrangência do termo *moderno*. Ele se mostra de tal forma flexível e ocupa tamanha extensão a ponto de poder integrar uma cultura inteira. Em tempos de globalização o moderno atingiu tamanha organicidade, caráter tão complexo, passando a ser de tal maneira integrado ao circuito da nossa vida cotidiana que deixou de ser um mero vocábulo. Tornou-se parâmetro de referências, moldando pensamentos e juízos de valores sobre artes e ciências, vida política, social e econômica. Também no âmbito das relações internacionais, o termo confere sentido a visões, atitudes e sensibilidades em relação a outros povos, outras culturas e outras etnias.

Tais ideias revelam o grau de complexidade que envolve o termo. É necessário entendê-lo, sempre, com base em um quadro de referências presidido pelas tradições. O par antigo/moderno apresenta-se como um dos pilares da história da cultura ocidental, e os seus sentidos se mostram altamente variáveis. Quem conduz o par é o moderno, por isso cabe aos indivíduos, às sociedades e às épocas o trabalho de defini-lo perante o passado, conforme alerta Jacques Le Goff (1984).

É a partir dessa intensa mutabilidade de sentidos que Hans Robert Jauss (1996) propõe uma genealogia histórica do moderno. O uso sistemático do termo remonta ao século XVI, quando se corporificava, na cultura do Renascimento, um debate entre as forças identificadas com o antigo e com o moderno. No entanto, desde o século V, estabeleciam-se contrastes entre visões de mundo distintas já configurando tensões entre o passado e o presente. É essa tensão que introduz historicamente a autoconsciência do moderno (RODRIGUES, 2000).

No entanto, é necessário esclarecer que as noções de antigo e de moderno não existiram sempre. São datadas e dotadas de historicidade, modificando-se de acordo com o contexto em que tiveram origem. A cada novo século mudava-se a construção da identidade dessas categorias. Em toda essa discussão uma ideia deve ser retida, pois vai nos conduzir ao longo da exposição: o caráter indissociável que liga o moderno ao antigo. Na sua constituição, o moderno necessita do antigo para adquirir sentido e apresentar-se como tal. Atravessando a história, mais nitidamente no período entre os séculos XVI até o XIX, o termo vai adquirindo diferentes configurações. Na mente dos homens permanecia, no entanto, a importância do antigo como modelo exemplar ou referência a ser considerada.

Uma panorâmica mostrando como se deu a genealogia do moderno na cultura ocidental é adequada. A partir dela podemos entender as práticas, as representações e as sensibilidades sociais que compunham cada época, singularizando no tempo homens e mulheres. Em termos de uma panorâmica geral, a instauração do moderno pode ser pensada a partir de três momentos referenciais.

O primeiro abarca do século XVI até finais do século XVIII. A ideia do moderno é polêmica, marcando profunda tensão entre valores do antigo (greco-romano) e do novo. Durante o Renascimento, a tradição clássica era considerada exemplar, estabelecendo-se uma verdadeira cruzada em defesa dos ideais dessa cultura. O imaginário literário da época traduz bem esse clima de tensão. Em *A batalha dos livros* (1704), Jonathan Swift (o autor de *As viagens de Gulliver*) recorria a metáforas curiosas para descrever a natureza do trabalho realizado pela aranha associando-o ao moderno, e o da abelha, relacionado ao antigo. Na realidade, o autor expressava a sensibilidade da época que era marcada pela disputa entre duas visões de mundo, consideradas antagônicas. Jonathan Swift mostrava-se bastante cético em relação ao trabalho da aranha. Observava que, na sua espantosa rapidez, ela conseguiria articular teias gigantescas porém muito frágeis. Todo esse trabalho monumental repousava em um só princípio: a autoalimentação. Criando a partir de suas próprias entranhas, a aranha, acabava reduzindo a sua obra ao veneno e ao excremento destinado a aprisionar insetos. Em contraste, o trabalho da abelha era exemplar; ela aparecia como verdadeira artesã de alcance universal. Busca prolongada, julgamento e distinção entre as coisas seriam os seus atributos. A abelha produzia o mel, que nutria e alimentava. Jonathan Swift acreditava que os escritores antigos, aqueles que haviam produzido conhecimentos há dois mil anos, eram como as abelhas. Portadores de verdadeiros tesouros, fruto de um trabalho incansável e de natureza coletiva, eles alimentavam a humanidade, na sua imensa sede de saber.

Essa querela entre o antigo e moderno também fora corporificada em uma outra imagem curiosa: a de um anão sentado sobre os ombros de um gigante. Oriundo da Idade Média, retomado por Montaigne, tal imaginário reforçava a depreciação do moderno que marcaria os séculos XVII e XVIII. O moderno era representado por um anão astuto. Alçado sobre os ombros do gigante, ele conseguia manter-se em posição privilegiada. Tal posição, no entanto, não era considerada meritória. O anão simplesmente utilizara o ombro dos seus predecessores, os antigos, para galgar mais alto. Consequentemente, ele alcançava uma rica paisagem sem fazer esforços meritórios.[1]

Tais narrativas traduzem, de maneira expressiva, a tensão entre formas distintas de viver e de interpretar o mundo. No entanto, não

---

[1] As narrativas estão em KARL, 1988, p. 26-30.

se pode dizer que a visão em defesa do clássico fosse consenso. Vários intelectuais começam a reivindicar a liberdade do artista, entendendo-a como caminho necessário ao conhecimento em direção à inovação e ao progresso. Em termos históricos, esboçam-se as bases do pensamento inspirador do progresso e das luzes. É importante esclarecer, no entanto, que a vitória da cosmovisão moderna não implicou a derrota dos antigos. O debate que buscava definir o entendimento do moderno e do antigo mantém-se ao longo de todo o século XVIII.

Seguindo essa genealogia do moderno, nos fins do século XVIII, ocorre em Paris uma discussão que ficaria célebre e conhecida como "a querela entre os antigos e os modernos". Essa conjuntura será decisiva em termos da herança civilizatória no seio da cultura ocidental. O debate entre o antigo e o moderno adquiriu uma singularidade: não se tratava mais de apontar inimigos da Antiguidade (como a aranha e o anão), mas de considerar duas formas distintas de olhar para trás. O passado continuou a ser a referência, mas o olhar sobre ele é que mudava.

Os conceitos e as palavras-chave desses séculos são: progresso, evolução, liberdade, democracia, ciência e técnica. Todas elas reforçavam o espírito crítico que era o traço diferencial da modernidade. Ele invade o domínio da metafísica, através da reflexão de Kant e Hume. Também as percepções e os costumes sociais passaram a ser objeto de reflexão, suscitando os escritos de Rousseau, Diderot, Laclos e Sade, que examinaram temas como as paixões, as sensibilidades e a sexualidade. Foi nesse contexto que ocorreu o descobrimento do "outro": o chinês, o persa e o índio americano (PAZ, 1993).

Em termos históricos, esse ideal crítico pode ser concretizado nos episódios revolucionários como a revolução pela independência dos Estados Unidos, a revolução francesa e os movimentos de independência dos domínios americanos da Espanha e de Portugal. Na América Latina, as revoluções fracassaram no plano político e social. Por essa circunstância, a modernidade latina foi incompleta, gerando um "híbrido histórico", como veremos adiante.

Ao longo do século XVIII, começava a ser compartilhado o sentimento de viver em um tempo revolucionário, marcado por grandes transformações, que afetavam a vida política, social e pessoal. Nos rumores das ruas já se traduziam as necessidades de mudanças. Questionava-se o abastecimento de água nas cidades, a falta de liberdade nas corporações, a execução pela guilhotina, o descontentamento com o rei, a paz e a guerra. Arlette Farge (2005) observa que, embora a palavra revolução, (no sentido utilizado pelos filósofos e pelas luzes), não estivesse ainda na boca do povo, este já vinha participando do clima das mudanças. Apesar de ainda estarmos distantes, de um mundo moderno, as ideias do novo começavam a penetrar nos domínios da vida pública e privada. Conclamava-se a consciência do presente e o experimento do novo.

Foi durante o século XVIII que se instaurou o período identificado como *modernité*, compreendido, de fato, como um novo tempo. O termo, extraído da sociologia, compreende o processo de dissolução dos modos de organização das sociedades tradicionais face à emergência da sociedade industrial. Vínculos comunitários, construídos com base em valores corporativos, religiosos; laços fundamentados em lealdades pessoais e honra, enfim, todo esse universo de crenças e valores perdeu sentido e fragmentou-se em um mundo que passava a ser regido por novos referenciais de ação e de conduta. Fundamentado na razão científico-pragmática, tal sistema reforçava a racionalização dos comportamentos e o individualismo, incentivando, em escala sem precedentes, o processo de urbanização e da divisão do trabalho.

Na historiografia do moderno, esse período aparece diretamente associado à figura do intelectual e crítico de artes Charles Baudelaire. De modo geral, ele é identificado como verdadeiro arauto da modernidade. Essa ideia é, no entanto, simplificadora, pois se perde de vista a dinâmica de um processo que já estava em curso.

Ao eleger o século XVIII como marco fundador do moderno, corre-se o risco de desqualificar as experiências que marcaram os séculos XVI e XVII. A atuação de Baudelaire se explica em função de um contexto de ideias mais abrangente. Na realidade, ele reuniu, organizou e dialogou com um corpo de tradições intelectuais que o antecederam. A sua reflexão traduz o momento mais crítico e complexo de definição do moderno, quando o passado começa, de fato, a ser pensado como continuidade, deixando de ser mera oposição. Intuía-se que ele compunha o elo de uma cadeia temporal que abarcava as várias temporalidades representadas pelo passado, pelo presente e pelo futuro.

Em *O pintor e a vida moderna* (1860-1863), Baudelaire enfatizava a singularidade do moderno como uma qualidade em si, e não como algo que contrastava com o passado. Desfeita a relação de oposição, cada onda do passado transformava-se na própria *modernité* trazendo sucessivas vanguardas, com qualidades singulares: "Cada época tem o seu porte, o seu olhar, o seu gesto", afirmava o autor.

Baudelaire ampliou o sentido do passado e do moderno, propondo pensar ambos além dos limites temporais e cronológicos, fundamentados em uma concepção evolucionista e linear. O passado não se restringia mais ao que passou assim como o moderno deixava se ser mera atualidade. O poeta, o *voyeur* e o *flâneur* – que compõem distintas faces do mesmo homem – observam esse movimento subterrâneo da realidade, buscando compreender a dinâmica que rege o antigo e o moderno.

Deve-se notar que Baudelaire teve o mérito de ter conferido à palavra *modernité* o seu sentido definitivo; percebeu-a como mediação entre duas percepções. A modernidade é passado/presente, integrando novidade e curiosidade à celebração do antigo. Logo, o antigo deixara de ser configurado como exemplo, modelo e paradigma para transfigurar-se na historicidade do presente. A cosmovisão da *modernité* ocasionou, portanto, a constituição de uma dualidade, porém uma dualidade que se definia como harmonia.

O belo adquiriu outro entendimento ao compor-se dessa dupla face: tornou-se eterno e invariável, mas fez-se também relativo e circunstancial. Combinou sucessivamente época, moda, moral e paixão. Para Baudelaire, o elemento circunstancial tornava-se instigante e cheio de vivacidade: funcionava como o "aperitivo do divino manjar".

Lembremos que cabe aos indivíduos o trabalho de definir o moderno do seu tempo perante o passado.

Outro aspecto é chave na discussão sobre a modernidade: a conciliação entre arte e ciência. Além de superar o antagonismo entre o passado e o presente, a modernidade deve suplantar a relação de oposição entre arte e ciência. Assim como a natureza humana, a obra de arte pressupõe dualidade de valores ao agregar o eterno e o efêmero, o que subsiste (a alma) e o variável (o corpo). A arte não subsiste sem a ciência. Nos tempos modernos ambas se necessitam como garantia de sua existência.

Inspirando-se na poética crítica baudelairiana, Walter Benjamin (2004) construiu a sua reflexão sobre a modernidade. Reunindo fragmentos do autor em um livro inacabado (*Charles Baudelaire, um poeta lírico no auge do capitalismo*), Benjamin revelava a visão original do poeta e do crítico da arte moderna. Para ele, Baudelaire seria o primeiro a vislumbrar o espaço da arte como um lugar capaz de traduzir as profundas tensões e contradições da modernidade. Resultado do desenvolvimento capitalista, do progresso científico-tecnológico, da razão iluminista e pragmática, a modernidade impõe-se em detrimento das subjetividades, tornando-se, por isso, uma força opressora. Para Baudelaire, só a linguagem artística poderia traduzir essa face dupla da modernidade, que abrigava o transitório e o eterno, a opressão e a liberdade. É desse lugar limiar que nos chega a escrita de Baudelaire. Apresentando-se como artista, *clown*, marginal, ele ajudou a definir um momento cultural de extrema importância no corpo da civilização ocidental.

Para Walter Benjamin, Baudelaire prenunciara com arguta visão e sensibilidade os efeitos arrasadores da sociedade industrial sobre os homens. Assumindo a dicção lírica, ele buscara reavivar a força da experiência, da tradição e da memória em um mundo assolado pelo acúmulo de informações, sensações e velocidade. Cenário desse caos, a cidade moderna também propiciava novas liberdades obrigando os homens a encontrar recursos de sobrevivência. Para superar o caos, o homem moderno precisa adequar-se a ele. É necessário que seu corpo e sua mente estejam atentos ao movimento e aos sobressaltos. Mais do que atento, o artista deve pressenti-los para conseguir responder com precisão exata. Benjamin observa que Baudelaire colocara a experiência do choque no coração do seu trabalho artístico. A imagem do esgrimista ágil atacando e se defendendo da agressão externa é expressiva dessa atitude. Nesse duelo representava-se o próprio processo da criação artística. O grito de espanto do artista, antes de sucumbir, revelava o fracasso na defesa contra os choques do moderno.[2]

No entanto, a modernidade baudelairiana nunca se fecha em torno de um aspecto, preferindo o caminho das ambiguidades. Quando deixa cair incidentalmente a sua aura na lama do bulevar, o poeta sente a perda da eternidade, mas se dá conta de que agora, como homem comum, poderá criar uma poética mais autêntica. Posto em contato com o *mauvais lieu*, percebendo a precariedade e o perigo da vida, ele pode encontrar nas ruas a fonte de criatividade.[3]

---

[2] Essas ideias fazem parte da reflexão de Walter Benjamin (2004) sobre o pensamento de Baudelaire, se encontra nos ensaios "Sobre alguns temas de Baudelaire" e "A modernidade".

[3] A crônica "A perda da aura" está em Baudelaire (1991, p. 131-133).

Chamando a atenção sobre o papel soberano exercido pelo artista na discussão do moderno, enquanto agente da forma e das ideias, Frederick Karl (1988) observou a sensibilidade de Baudelaire para compreender a mudança de consciência. Modificava-se a consciência que a humanidade tinha das cidades, dos ambientes, de coisas materiais, de pessoas como sujeitos e objetos e a autorreificação de temas espirituais. Baudelaire buscava revelações e epifanias projetando-as muito além do cenário de Paris.

A cultura da modernidade inscreve-se nesse quadro complexo de ideias e de valores. Ela foi a expressão artística e intelectual de um processo histórico reconhecido como modernização e produzido pela transformação capitalista do mundo, conforme observou um dos estudiosos de Walter Benjamin no Brasil, Willi Bolle (2000). A reflexão de Benjamin oferece um rico material para pensar a modernidade nos países periféricos, já que a sua fisionomia é marcada pelo aspecto do inacabado e do fracasso.

Na passagem do século XIX para o XX pode-se situar o terceiro momento dessa genealogia histórica do moderno. Nessa virada de século se expande, se consolida e se internacionaliza o processo de modernização econômica e social, que integra e contamina de forma decisiva o campo da arte e do pensamento.

Os termos "Modernidade" e "Modernismo", apesar de inseparáveis, constituem dois aspectos distintos do mundo moderno. Em síntese, podemos dizer, de acordo com Jacques Le Goff (1984), que o conceito de modernidade constitui uma reação ambígua da cultura à agressão do mundo industrial. Quanto ao termo "Modernismo" abriga múltiplos sentidos, alguns deles contraditórios. Quando nos reportamos a ele o associamos de imediato aos movimentos artísticos que percorreram todo o século XX. Uma panorâmica demasiado complexa, considerando a ampla variedade de grupos artísticos integrando expressistas, cubistas, futuristas, simbolistas, imagistas, vorticistas, dadaístas e surrealistas. Foram muitas as propostas e percepções filosóficas em jogo. A defesa do espírito moderno coexistia com a valorização do espírito decadentista; o apreço às forças irracionais e inconscientes disputava espaço com a razão instrumental, o experimentalismo com o construtivismo.

É necessário enfatizar o caráter visceralmente social que marcava o conjunto dessas propostas. Artistas e intelectuais sentiam-se particularmente mobilizados a participar da construção da nova sociedade. Acreditava-se que caberia às artes realizar uma dupla tarefa: a destruição e a criação, inspirando-se na intensidade do tempo presente. Rimbaud era enfático: "Il faut être absolument moderne".

O Modernismo abrigou o conjunto de transformações sofridas no campo das artes entre a década de 1870 e o início da Segunda Guerra, envolvendo toda a Europa e os Estados Unidos. Presenciando uma crise cultural sem precedentes, o movimento criou linguagens e expressões artísticas que buscavam entender o caos social decorrente de uma mudança radical de referencias e padrões civilizatórios. A crise afetava sobretudo a autoconfiguração dos intelectuais e dos artistas. Se eles se sentiam estimulados a forjar uma nova consciência social e estética, essa liberação se dava em um clima de forte tensão histórica. O poder imaginativo conjugava-se à consciência da contingência, vivenciada como catástrofe gerando a sensação de desorientação e pesadelo.

A geração modernista da virada do século XIX assistiu à derrocada da civilização e da razão, cujo marco simbólico fora a Primeira Guerra Mundial. Em maio de 1913, estreava em Paris *A sagração da Primavera*, coreografia de Nijinski e música de Igor Stravinski. O espetáculo dramatizava o fim da velha ordem; expressava-se na dança o conflito entre Eros e Thanatos. No momento mais tenso da guerra, em 1916, foi apresentado um espetáculo que, reunido em torno do Balé Parade, subvertia os cânones da estética acadêmica e unia os trabalhos de Eric Satie, Alfred Jarry, Apollinaire e Picasso. A dança tornava-se metáfora da forte tensão social que dominava os novos tempos.

Mas, ao longo do século, várias ideias já vinham contribuindo para a eclosão dessa nova ordem.

Em 1848, Marx, no *Manifesto Comunista*, anunciava um mundo regido pelas forças revolucionárias dando vitória à ordem secular e materialista. Em 1859, Charles Darwin, em A origem das espécies, questionava a concepção cristã da origem humana e propunha uma teoria da evolução, baseada na ordem natural. Bergson destacava o papel da intuição em detrimento da razão, chamando a atenção para a atuação da memória e do tempo interior na construção e na apreensão da realidade. Redimensionando as forças do inconsciente, Freud alertara para outras dimensões da realidade social. Burguês nos seus gostos literários e artísticos, mostrara-se um modernista radical em relação à natureza humana. Em análise recentemente traduzida no

Brasil, Peter Gay (2009) destaca o mergulho na subjetividade como singularidade maior do movimento que teria em Freud um dos seus grandes inspiradores.

A imaginação literária e artística rebelara-se contra a ordem científico-burguesa, ocasionando um enriquecimento da percepção do mundo social que deixava de ser visto como algo exterior e consensual.

A somatória desses acontecimentos nos ajuda a compreender a historicidade do fenômeno modernista e a diversidade de formas e conteúdos de que se revestiu o movimento. Difundindo-se de um país para outro, conjugando distintas fontes e tradições intelectuais, o movimento ocorreu em contextos e temporalidades diversas, convertendo-se na linha mestra da tradição ocidental. Nesse sentido, configura-se como movimento estético que modifica de maneira indelével a consciência e a percepção do mundo; consequentemente, a própria compreensão da cultura. De acordo com Bradbury, o fim do movimento romântico seria um dos fatores explicativos dessa crise na história do humanismo ocidental. Já Peter Gay percebe sobrevivências do romantismo na geração de literatos como Virginia Woolf e James Joyce. Porém, é incontestável que o movimento tenha reconfigurado a tradição artística ocidental e redirecionado toda a imaginação de uma época.

A historiografia vem enfatizando a necessidade de se reexaminarem os sentidos do "novo", redimensionado a partir dos vínculos que estabelece com as tradições em curso. Reflexões como as de Bradbury (1989), Bradbury e McFarlane (1989a; 1989b) e Karl (1985) são referências-chave nesse processo reflexivo, e lembremos do texto de Jacques Le Goff (1984) que analisa os termos-chave no discurso do historiador e insiste na necessidade de considerar a dinâmica do par moderno/tradição. O novo jamais é inteiramente novo.

Na virada do século XIX para o XX, o Modernismo se constrói com base em um conjunto de ideias que vinha transformando a cultura e a sensibilidade europeias. Já estava presente no pensamento romântico a ideia do artista como ser dotado de intuição especial capaz de ver além dos seus contemporâneos, transformando-se, por isso, em agente livre no campo do conhecimento. Nos movimentos boêmios de Paris, desde 1830, a estética de uma cultura que se apresentava como inteligência crítica aos ideais científico-iluministas, defendendo a experiência da arte unida à vida, também era um fato. Reforçando tais valores, o experimentalismo acreditava ser fundamental uma atitude de abertura e de disponibilidade em relação ao conhecimento. Em *Le roman experimental* (1880) Émile Zola lançava tais ideias, embora naquele momento elas ainda estivessem circunscritas ao âmbito científico. O estado de vulnerabilidade dos indivíduos, outra característica modernista, já vinha anunciada nos escritos de Nietzsche.

O fato é que no interior do pensamento modernista o moderno e as tradições estavam profundamente imbricadas, constituindo-se, contaminando-se e esclarecendo-se mutuamente. Paul Valéry, que participou intensamente do movimento como um dos seus críticos mais argutos, chamara a atenção para o fato, observando que a dimensão da tradição se impunha de tal forma que não era necessário reforçá-la. A tradição era inconsciente, e o aspecto da continuidade fazia parte de sua natureza. Para ele, a proposta de retomar e reatar uma tradição era uma simulação, já que jamais deixara de existir e de fazer parte do universo cotidiano das pessoas. Mas a análise é que distingue no que resta de um passado o que deve ser respeitado e o que deve ser descartado (VALÉRY, 2003)

Tais ideias, no entanto, não eram consenso na época. Predominava o imaginário da ruptura e da libertação do passado, visto como um fardo a ser abandonado. Esse imaginário acabou favorecendo uma visão que privilegiava o espírito do novo, a partir do obscurecimento e da diluição de sua relação com as tradições. Essa percepção do Modernismo como urgência de uma demanda – "tornar-se novo" – foi particularmente experimentada nos países da América latina.

A partir de 1890, um conjunto de escritores e artistas latino-americanos se engaja na luta em prol da renovação nacional dos temas e das formas artísticas, deslanchando os movimentos literários modernistas. Porém, esse conjunto de demandas pelo "novo" não pode ser pensado de acordo com o quadro de referências que moldou o processo da modernidade europeia, simplesmente porque o vínculo dos países com o mundo europeu era de uma outra natureza. Impõe-se aí a mediação do sistema colonial, em torno do qual se articulam as imagens do centro e da periferia. Em razão desse processo histórico, é necessário que se repensem os conceitos, para adequá-los à dinâmica que lhes deu origem e conformação.

Rever a "estética da ruptura" foi uma das questões estratégicas na historiografia sobre o Modernismo brasileiro.

A crítica ao paradigma de 1922

Durante muito tempo foi recorrente (e ainda é) o uso de determinadas categorias como as de "pré-modernismo" e "antecedentes" ou a ideia de um "vazio cultural" para definir o panorama artístico intelectual brasileiro da virada do século XIX para o XX.

Essa terminologia surgiu amparada por um referencial externo. Só um acontecimento de caráter inaugural seria capaz de instaurar essa semântica de cunho anunciador, libertador e prometeico.

Em parte, a história da literatura contribuiu para difundir essa visão. O ano de 1922 – ou o período imediatamente anterior a ele – é considerado um verdadeiro divisor de águas na história literária. O que aconteceu de moderno na sociedade brasileira nas primeiras décadas do século XX passa a ser considerado como uma espécie de premonição dos temas de 1922. Basta lembrar como foi construída a historiografia das literaturas regionalistas nordestina, paulista, mineira e gaúcha entre a virada do século XIX e a primeira década do século XX. A valorização dos dialetos locais, da cultura caipira, do folclore, dos costumes e dos tipos rurais foi criada a partir da contraposição ao polo urbano, visto como cosmopolita e "estrangeirado". Não se cogitava sobre o caráter compósito e ambíguo do modernismo, abarcando pluralidades espaçotemporais. O resgate das tradições realizava-se em nome de um Brasil moderno, que já se fazia anunciar.

É nesse contexto que a literatura regional passa a ser identificada nos livros escolares, nas antologias e nas histórias da literatura com a nomenclatura simplista e um tanto equivocada: "pré-modernismo".

Tais ideias acabaram comprometendo a própria historicidade e a conceituação do movimento. Deixaram de ser considerados aspectos fundamentais do processo como a heterogeneidade dos grupos intelectuais e sua capacidade de combinar e adequar distintos valores culturais. Em decorrência, ocorreram fortes tensões internas entre tradições e modernidade, que geraram dinâmicas e arranjos específicos.

O registro canônico agregou em um bloco indiferenciado distintas sensibilidades literárias e correntes de pensamento, a saber, parnasianos, decadentistas, simbolistas e regionalistas. Esse procedimento facilitou o ato do reconhecimento, pois tais grupos foram identificados como supostos "antecedentes do modernismo". Em suma, perderam-se as especificidades de cada grupo e as diferentes articulações que pudessem vir a estabelecer com o moderno. Exemplo ilustrativo ocorreu com alguns intelectuais simbolistas, caso de Manuel Bandeira. Convidado a participar da Semana de Arte Moderna, em São Paulo, Bandeira conta que se recusara a ir, alegando não ter incompatibilidades com o parnasianismo e simbolismo. Já se sentia moderno (BANDEIRA, 1957, p. 63). Enviou, porém, um poema no qual fazia uma crítica irônica à estética parnasiana. O Sapo foi lido por Ronald de Carvalho sob vaias.

Hoje ainda desfruta de certo consenso a visão do movimento modernista brasileiro, circunscrito à ambiência paulista e a um grupo canônico de intelectuais. Na literatura os nomes de Mário de Andrade e de Oswald de Andrade são referência obrigatória quando se trata de ressaltar a tendência vanguardista inovadora do movimento. Também os intelectuais ligados à vertente conservadora, como é o caso de Plínio Salgado e Cassiano Ricardo, são tomados como referenciais de análise para o estudo das bases do pensamento político autoritário. Na história nenhum acontecimento é neutro. Acontecimentos são construções sociais fabricadas e apropriadas, de formas distintas, pelo conjunto das camadas sociais (FARGE, 1989).

A narrativa hegemônica do Modernismo foi uma construção empreendida pelas vanguardas paulistas, que a atualizaram ao longo das décadas de 1930 e 1950. Heloísa Pontes mostra que a rede foi ampla e diversificada, incluindo a Faculdade de Filosofia e Letras da USP, a imprensa através dos jornais (*Folha de S. Paulo*, *O Estado de S. Paulo*) e revistas (*Anhembi* e *Clima*) e editoras (Nacional e Martins).

Pelo viés dos acontecimentos fundadores, focando seja a ação das vanguardas artísticas intelectuais seja a matriz oficial-estatal a historiografia modernista vem reforçando antigos procedimentos do fazer historiográfico. Em suma, privilegia-se a ação das vanguardas e os marcos cronológicos pautados pelos grandes acontecimentos. A *Semana de Arte Moderna,* que ocorreu em São Paulo, entre os dias 12, 13, 15 e 17 de fevereiro de 1922, é tomada como acontecimento fundador do Modernismo brasileiro. O fato pode ser constatado na própria adoção, na consagração e nos usos do termo Modernismo. A terminologia está de tal forma relacionada à cidade de São Paulo que frequentemente deixa-se de contextualizá-la na articulação com o conjunto da dinâmica brasileira. Quando mencionado, o termo não é adjetivado, nem pluralizado como se a sua carga semântica já estivesse implicitamente embutida. Anula-se, dessa forma, a rica polissemia e a ambiguidade da qual se reveste o termo.

É importante lembrar o aspecto emblemático de que se revestiu o ano de 1922, ano de reviravoltas que questionavam a ordem política vigente como as revoltas tenentistas, o Levante do Forte de Copacabana e a fundação do Partido Comunista Brasileiro. Também foi o momento de organização das forças conservadoras da Igreja católica, que posicionando-se ao lado do Estado, fundava o Centro D. Vital e a revista A Ordem, reivindicando seu direito de intervenção social. Em 1922 também se comemorava o centenário da independência política brasileira. Era um contexto favorável, portanto, aos exercícios da memória.

O Rio de Janeiro, cidade capital, comemorou a data com a abertura de um grande evento oficial: a *Exposição Internacional de 1922*, que exibia ao mundo o progresso da indústria brasileira. São Paulo escolhe outro caminho para celebração: a *Semana de Arte Moderna*. O evento foi patrocinado por Paulo Prado, homem culto e cosmopolita ligado à aristocracia cafeeira, a partir de uma sugestão de Di Cavalcanti, que propusera um acontecimento de impacto. Era a constituição de um campo intelectual que estava em jogo.[4] No Rio de Janeiro, os eventos comemorativos foram objeto de intensa paródia nas revistas semanais de humor. Questionava-se a precariedade civilizatória da nacionalidade incompatibilizando-a com o moderno. "Veneza do Mangue" foi uma das denominações atribuídas à cidade-capital.[5]

Tais ideias mostram como a construção dos acontecimentos passa à condição de memória historiográfica. A deliberação de fazer do evento um marco cultural foi sem dúvida bem-sucedida.

No início da década de 1980, o tema do Modernismo brasileiro passou a constituir objeto de problematização na área dos estudos históricos, o que se explica em função da própria visão que predominava até então no campo da história. Naquela época, a maior parte dos estudos ainda era estruturada em torno do paradigma do Estado. Predominava a visão macroscópica da vida social; as relações de

---

[4] Uma boa panorâmica histórica da *Semana de Arte Moderna* pode ser encontrada em CAMARGO, 2002.

[5] A propósito, ver: Uma vertente humorística da modernidade: a revista D. Quixote. In: VELLOSO, 1996, p. 173-203.

causalidade entre economia e sociedade explicavam, em última instância, os acontecimentos sociais. A necessidade de reavaliar essa visão se fez sentir a partir do momento em que se experimentou um olhar indagativo em relação às formas da constituição da dinâmica social. O fenômeno da circulação das ideias, a capacidade crítico-inventiva dos diversos agentes sociais na construção das representações e práticas foram aspectos fundamentais para se proceder a uma reconfiguração do social. A sociedade brasileira passou a ser pensada a partir de uma reconceituação da temporalidade histórica, em decorrência da qual foram reformuladas as categorias do moderno e da tradição. As reflexões de Eduardo Jardim de Moraes (1978; 1983), de Silviano Santiago (1987) e de Flora Sussekind (1987; 1988) levantaram um conjunto de questões fundamentais na condução desse debate.

Propunha-se pensar 1922 como um momento de confluência de ideias que já vinham sendo esboçadas na dinâmica social. Nessa perspectiva, mostrava-se o movimento modernista dos anos de 1920, como resultado de um pensar filosófico já inscrito na tradição cultural brasileira. Esse pensar estaria presente desde o início do século XX através dos escritos de Graça Aranha, dentre os quais se destacava *"Estética da vida"* (MORAES, 1978).

A importância do papel inovador dos meios de comunicação e das tecnologias como catalisadores na mudança dos padrões de percepção e de sensibilidade sociais, constituiu outra vertente expressiva dessa reflexão (SUSSEKIND, 1987; HARTMAN, 1988).

No conjunto, tais trabalhos apresentaram uma contribuição inovadora: a necessidade de reavaliar o conceito de tradição e as articulações concretas no conjunto da vida cultural brasileira. Entender a dinâmica da tradição, os conceitos de continuidade e a ruptura, reavaliando a questão da importação das ideias, foi um dos temas que mobilizaram intensamente o debate intelectual nos anos 1980. Literatos, historiadores e filósofos foram chamados a refletir sobre a temática do modernismo brasileiro, originando a produção de teses acadêmicas, organização de simpósios e debates. Os próprios títulos de alguns eventos, em particular, revelavam o quanto a questão suscitava indagações e polêmicas. No Rio de Janeiro, em 1985, a Funarte organizou o seminário *Tradição e Contradição*; em 1988 a Fundação Casa de Rui Barbosa propôs o simpósio *O Pré-Modernismo*.

Neste debate, cabe lembrar a contribuição fundamental de Antonio Candido que publica, em 1965, *Literatura e sociedade; estudos de teoria e história literária*. O próprio título da obra traduz a preocupação de sistematizar as bases teóricas do debate. Buscando um diálogo interdisciplinar, Candido realizou leituras cruzadas entre a história da arte (Hauser), antropologia (Malinowski) e a sociologia (Weber). Em um contexto marcado pela dicotomia de procedimentos entre a "leitura externa" (condicionamentos sociais) e a "leitura interna" (autonomização do texto), o autor enfatizou a necessária sensibilidade do pesquisador no trabalho interpretativo da formação social brasileira.

Foi de fundamental importância no processo de releitura do modernismo brasileiro a geração de literatos das décadas 1960/70, incluindo-se Luís Costa Lima, Alfredo Bosi, Silviano Santiago. Enfatizando a diversidade da cultura brasileira (universal/particular, cosmopolitismo/localismo, vanguardas/tradições) esses autores contribuíram para o entendimento da temporalidade múltipla que marcava a brasilidade.[6] Ao longo da década de 1980, foi importante rever criticamente as ideias que reforçavam uma visão do modernismo baseada na estética da ruptura. O eixo comum agregando essas distintas reflexões era claro: a elaboração de um pensar crítico sobre o paradigma de 1922.

A circunscrição do Modernismo aos limites de um único acontecimento – a *Semana de Arte Moderna* – levava à perda da dinâmica causada pelo impacto do movimento, que acionou uma vasta rede de representações, subjetividades, imaginários e práticas culturais no conjunto do Brasil. O Modernismo não se restringira ao eixo Rio-São Paulo, mas irradiara-se por vários estados do Brasil, propiciando a composição de grupos em torno de discussões que provocaram movimentos, manifestos, revistas além da difusão de ideias e práticas na vida social. Revistas como *Arco e Flexa*, de Salvador (1928/1929), *Madrugada*, de Porto Alegre (1929), e *Maracajá*, de Fortaleza (1929) traduziam tais anseios. Poucos sabem que o *Manifesto Futurista* foi publicado pela primeira vez em junho de 1909, em jornais nordestinos como o *Jornal de Notícias*, de Salvador e no *A República*, de Natal.

---

[6] Essas ideias foram discutidas na palestra "Littérature et histoire de sensibilité brésilienne" apresentada no seminário *Lire le Brésil* organizado pela ARBRE. Paris/EHESS, 16/04/2010.

No bojo do processo de reconceituação, o modernismo deixa de ser identificado como momento-ruptura na vida sociocultural brasileira. Surgia como resultante de um processo histórico em que se combinavam as mais distintas tradições, espaços, temporalidades, atores e configurações. Ao longo da década de 1990, algumas reflexões, de caráter histórico-sociológico, reafirmando essas ideias, apontaram outras possibilidades de articulação com o moderno (SILVA, 1990; HARDMAN, 1988; LUSTOSA, 1993; VELLOSO, 1996; GOMES, 1999).

O desenvolvimento dos pressupostos da École des Annnales e da nova história cultural influenciou decisivamente os rumos dessa discussão que se iniciou, de forma sistemática a partir de Lucien Febvre e de Marc Bloch. Um conjunto de questões teóricas, suscitadas pela releitura de clássicos das ciências sociais, como Marcel Mauss, Nobert Elias, Durhkein e Halbwachs, possibilitava aos historiadores o trabalho de reconceituação da cultura, do passado, da memória e da temporalidade histórica. Assinalando a dimensão concreta e coletiva da história, tais autores alertaram para a sintonia que algumas subjetividades poderiam estabelecer com o conjunto, dada a sua capacidade de representar as sensibilidades de uma época. Além disso, o significado das práticas e das representações, no seio da vida cotidiana, adquiria crescente interesse (CHARTIER, 2006; PROST, 1996).

No Brasil, a tradução desses autores na década de 1970, por ocasião do início da abertura política, descortinara um novo panorama: começava a surgir uma história social, tanto dentro do marxismo quanto fora dele. Priorizando seja os pressupostos da Escola francesa dos Annales, ou seja as teorias neomarxistas inglesas, o fato é que ocorrera uma reorientação decisiva no campo da história em relação às abordagens, aos temas e à escolha das fontes.[7] Esse conjunto de ideias possibilitou uma leitura crítica da vida social, reavaliando-se as formas de pensar a participação e a intervenção dos indivíduos e dos grupos. Modificou-se, enfim, a própria percepção da realidade histórica, com a intensificação do diálogo entre a história, as artes, a literatura e a antropologia. A partir daí, redimensionou-se definitivamente o papel da cultura como espaço estratégico na vida social.

---

[7] Para uma panorâmica histórica das mudanças ocorridas no campo da história, ver LE GOFF, 1984b. A propósito das repercussões das mudanças no contexto brasileiro, ver PESAVENTO, 2003.

No que concerne à reorientação sobre o Modernismo foi importante a distinção que se estabeleceu entre história e memória. Essa distinção tornou possível a "apropriação crítica das tradições". Uma tradição morre quando permanece intacta. São as invenções que a transformam e a vivificam, criando articulações com a dinâmica presente. Cabe a cada geração herdar um passado e alterá-lo em função das exigências colocadas pelo presente.

A historiografia sobre o Modernismo brasileiro enfrentou, de um lado, a necessidade de empreender a ressignificação da tradição como valor civilizacional, trabalho comum a todas gerações; de outro lado, os historiadores que o fizeram, viveram em um contexto particularmente marcado pelas mudanças no panorama do fazer historiográfico. A releitura da tradição viu-se reforçada na própria releitura da escrita histórica.

Contextualizando procedimentos historiográficos e suas implicações teórico-metodológicas, pode-se entender de forma mais apropriada como foi construída a visão crítica sobre o Modernismo brasileiro.

Já se observou que o ponto de partida desses estudos foi o trabalho de reavaliação do paradigma historiográfico de 1922. Realizada no Teatro Municipal de São Paulo, nos dias 13, 15 e 17 de fevereiro de 1922, a Semana de Arte Moderna assumiu o papel de acontecimento fundador do moderno brasileiro. Já assinalamos as consequências teóricas desse enfoque que subestimara a complexidade do social.

Desde o início do século XX, movimentos culturais relacionados ao advento de uma sensibilidade modernista vinham acontecendo em várias cidades brasileiras. Ocorre que as dinâmicas e os ritmos culturais desses lugares necessariamente não condiziam com o perfil urbano e industrial-tecnológico de São Paulo. A coexistência do arcaico e do moderno marcando distintas temporalidades era uma realidade na vida cultural brasileira.

Outra questão que suscitou discussões foi o entendimento do Modernismo como movimento cultural organizado e dirigido exclusivamente por uma vanguarda artístico-intelectual. Erigido à condição de condutor da vida social, caberia ao grupo apontar, de forma demiúrgica, os novos rumos da nacionalidade. Tal percepção restringiu drasticamente a dinâmica participativa de outros indivíduos e grupos sociais, cuja intervenção podia ocorrer através de outras modalidades e sociabilidades.

Buscando obter uma compreensão mais acurada da cultura modernista, vários trabalhos passaram a dedicar atenção à dinâmica comunicativa da sociedade brasileira descentralizando o foco nas culturas letradas. Analisando os vínculos entre a linguagem falada e a escrita, considerando as modalidades de comunicação sonoro-auditivas e as gestualidades corporais, tais trabalhos questionaram a exclusividade dos códigos visuais como referência organizacional e participativa.

É necessário considerar que os modelos culturais dominantes não anulam outros espaços de recepção. Se cada época constitui seus modelos e códigos narrativos, dentro deles também são gerados outros códigos de inteligibilidade de acordo com as filiações culturais. No mesmo contexto social é possível a coexistência de diversos modos de narrativa. Na realidade, deve-se considerar o sistema de valores como lugar que dá sentido ao texto. Tais ideias mostram quão complexa é a atividade da recepção, na medida em que a comunicação não se estabelece de forma linear ou a partir de um lugar fixo e hegemônico. Michel de Certeau, em *A invenção do cotidiano,* nos lembra que é na distância entre as normas e o vivido que se insinuam as reformulações, resistências e artes de fazer. Privilegiando a análise das especificidades culturais e o campo das sociabilidades cotidianas, torna-se possível perceber a rede de influências recíprocas entre o erudito e o popular que modela a tessitura da vida social brasileira.

Em função dessas ideias que enfatizam o caráter complexo da experiência modernista brasileira torna-se procedente adotar o termo "modernismos".

Não se trata de um mero jogo semântico, mas da afirmação de uma posição teórica que tem como premissa considerar a mutabilidade do social em constante processo de reelaboração e adaptações. De acordo com essa visão confere-se mais atenção às suas contradições e ambiguidades do que propriamente às racionalidades. Em suma, privilegiam-se na vida social os aspectos do deslocamento e da fluidez, compondo-se à base de articulações (KALIFA, 2005).

Essa visão nos possibilita pensar o Modernismo brasileiro como o desencadeamento de vários movimentos que, ocorrendo em distintas temporalidades e espaços, atingiram de forma diferenciada, é claro, todo o País. Captado nos seus vários momentos, configurações e espaços, o movimento abarcou regiões, cidades e metrópoles brasileiras.

Antes de entrar no campo específico da brasilidade, vamos explorar outras articulações com o moderno.

"Só para nós vivem todas as coisas sob o sol"; o modernismo latino

A equivalência entre modernização e ocidentalização foi uma questão estratégica para os intelectuais latinos-americanos. O problema do moderno configurou-se junto ao da constituição e invenção de uma identidade nacional. Defini-la significou criar vínculos com o paradigma do moderno ocidental.

É nesse contexto que foi estabelecida a articulação entre o antigo e o moderno.

A faculdade de estabelecer diálogo com as tradições europeias, selecionando, adotando e relendo determinadas referências como norteadoras de sentido cultural, foi trabalho a que se dedicaram os modernistas latino-americanos. Frequentemente a enunciação da escolha pelo "novo" foi expressa de forma contundente. Defendendo a modernidade, em tom apaixonado, o poeta nicaraguense Ruben Dario, declarava:

"Verlaine é para mim muito mais do que Sócrates!".

A Antiguidade clássica parecia muito mais distante aos olhos do continente americano.

De modo geral, o modernismo latino-americano, integrou a oposição que Baudelaire percebera existir entre a modernidade estética e modernidade social. Vários intelectuais endossaram uma atitude romântica de rebeldia e de protesto contra os valores que sustentavam o processo da modernização burguesa. Reagia-se contra o poder argentário, os ideais materialistas, pragmáticos e burgueses, o imperialismo yankee e a guerra hispano-americana de 1898. Concomitantemente, porém, condenava-se a irrupção das massas no cenário da história. Acreditando-se responsáveis pelo destino do conjunto da sociedade os intelectuais latinos autorrepresentavam-se como arautos do novo e das mudanças. Sentiam-se incumbidos de uma missão redentora: salvar a nação (FUNES, 2006).

Essas ideias deixam entrever as diferenças que marcaram o processo da modernização europeia e o da América latina. No continente sul-americano, a instauração da modernidade não implicou a passagem de uma sociedade claramente identificada com os parâmetros tradicionais para o moderno. Em finais do século XIX, não se pode falar, a rigor, de uma sociedade que se caracterizava como agrária, comunitária e estável em termos de valores culturais. Por outro lado, não se sustentava a ideia de uma sociedade complexa, regida pelos valores econômicos e científico-tecnológicos. Nos países latino-americanos, as temporalidades se entrecruzavam gerando formas compósitas de organização e de cosmovisão. Alguns autores se referem à existência de uma "pós-modernidade antes da modernidade" (CANGLINI, 2000); outros preferem falar de uma mestiçagem de culturas, enfatizando a articulação e a justaposição de distintas visões culturais. Resultaria daí um constante processo de releitura e recriação do cotidiano (GRUZINSKI, 1990; 1999).

Em decorrência desses fatores, a análise sobre o modernismo latino se complexifica. Forçosamente há que considerar outra ordem de sentidos e valores regendo essas sociedades. Detentores de histórias distintas, que abrigaram distintos processos socioculturais, os continentes também incorporaram temporalidades que não coincidem entre si. Viver entre a racionalidade modernizadora e a tradição das cosmogonias indígenas, o anseio de ser moderno e o sentido de existir em consonância com as raízes culturais latinas, acarretou um clima de forte tensão. Frequentemente, o desejo do "novo" exerceu maior apelo do que as próprias condições objetivas da realidade. Se era urgente a proposta de "acertar o relógio", como dissera Oswald de Andrade, também a necessidade de conferir as tradições ganhava ênfase crescente. Na América Latina o imperativo da atualização cultural só se mostrou viável quando passou a incluir a bagagem indígena e negra.

Considerar essa realidade "entre mundos" é de fundamental importância para compreendermos a dinâmica sociocultural do modernismo latino-americano. Na realidade, tal duplicidade de pertencimento conferiu um recorte singular e único ao continente. A experiência colonial ibérica e a globalização que ela subtende impuseram um entrecruzamento incessante de patrimônios étnicos e culturais. No bojo deles, mesclaram-se sensações, desejos e gostos que geraram novas sensibilidades, maneiras de ser, estar e participar do mundo (GRUZINSKI, 2006).

Ao estabelecer contato com a cultura hispânica, os grupos indígenas viram-se obrigados a inventar soluções de sobrevivência. Houve, portanto, uma capacidade de improvisar elos entre distintas referências culturais. Tal processo implicou um árduo exercício de adequação em que a criatividade exerceu sua operância. Fato sintomático é que tais aspectos tenham aparecido como fundamento do primeiro movimento de vanguarda latino-americana: o criacionismo. Vicente Huidobro, intelectual chileno, em conferência proferida no Ateneo de Buenos Aires, em junho de 1916, afirmava que a "primeira condição do poeta é criar, a segunda criar e a terceira criar". A esse pequeno deus cabia a arte de escutar e dizer à natureza: "Só para nós vivem todas as coisas ao sol" (SCHWARTZ, 1995, p. 75-102). No manifesto *Non servian*, o poeta equacionava a discussão do antigo e do moderno através de uma imagem curiosa: o hermafrodita.

Observava que a natureza humana era composta de duas forças distintas. A força de expansão (feminina) e a da concentração (masculina). Raramente ambas apareciam em perfeito equilíbrio em uma pessoa. Huidobro visava destacar o necessário convívio entre forças opostas mas complementares na cultura literária: românticos e clássicos.

Essa seria, na realidade, uma problemática comum aos países latinos: a necessidade de obter o equilíbrio entre distintas demandas culturais. Tal equilíbrio só poderia ser obtido a partir da incorporação do duplo e da percepção de uma temporalidade singular. A revista *Martín Fierro* (1923/24), criada em Buenos Aires, mostrava-se profundamente iconoclasta, transgressora, recorrendo amplamente ao humor como forma de comunicação.

No manifesto *Martín Fierro*, publicado em 15 maio de 1924, Olivero Girondo, proclamava as propostas do movimento. Para viver inteiramente o presente, para expressá-lo, na sua inteireza, era preciso escutar as vozes dos antepassados e ter consciência do solo em que se pisava. Assimilar as influências das vanguardas europeias era tão importante quanto manter vivas as raízes culturais. Mas o ato de cortar os laços de dependência com a metrópole apresentava-se como inadiável: "*Martín Fierro* acredita na importância da contribuição intelectual da América, prévia tesourada a todo o cordão umbilical" (SCHWARTZ, 1995, p. 115).

Embora seja complexo estabelecer conexões entre essas escritas que contemplavam questões diversas, é inegável que elas apontam para um tema comum: a contribuição latino-americana no cenário internacional.

É patente a ênfase no surgimento de uma nova sensibilidade expressa através de palavras, metáforas e linguagens. Criar o "novo" significava construir vínculos de pertencimento com o repertório das tradições populares, contatando aspectos originais e imprevisíveis de uma realidade ainda não desvelada. Abundância, dinamismo, entusiasmo, fé, ingenuidade, vitalidade, juventude, sentidos, emoção e criação formam as palavras-chave da escrita desses intérpretes da latinidade. Era patente a ideia de que as tradições só poderiam ser assimiladas e traduzidas em linguagem a partir de uma leitura crítica das influências: "*Martín Fierro* tem fé em nossa fonética, em nossa visão, em nossas maneiras, em nossos ouvidos, em nossa capacidade digestiva e de assimilação".

No *Manifesto Antropofágico* (1928), Oswald de Andrade também alertava para a urgência desse trabalho de assimilação crítica. Outro tema que mereceu a atenção especial foi a crítica à sociedade burguesa capitalista, sobretudo, no que se referia à situação das artes. A revista *Mural Prisma* de Buenos Aires (1922), que tinha entre os seus colaboradores Jorge Luis Borges, declarava-se "[...] farta daqueles que não contentes com vender, chegaram a alugar a sua emoção e a sua arte, prestamistas da beleza dos que espremem a mísera idéia caçada por causalidade, talvez roubada" (SCHWARTZ, 1995, p. 112-115).

Tais ideias possibilitam ver aproximações entre os intelectuais modernistas brasileiros e latino-americanos. Havia várias questões culturais de fundo comum, entre elas, a busca de equilíbrio entre os elementos da mudança e os da tradição. Alguns manifestos literários latinos alertavam contra as mudanças radicais e ilusórias: "[...] não mudar de cor, não deixar-se cegar pelas coisas fulgurantes, desconfiar do 'supramaravilhamento' que pode levar ao inverossímil".

Lidando com as próprias ambiguidades da modernidade, a revista de vanguarda mexicana *Irradiador* (1922) recomendava uma atitude de cautela frente as novas teorias: "Você pode extraviar nos corredores vazios de sua imaginação e não encontrar a saída" (SCHWARTZ, 1995, p. 166).

A reflexão sobre a raça como categoria através da qual seria possível compreender um novo *éthos* cultural foi outra ponte unindo distintos autores modernistas, como o cubano Fernando Ortiz, o peruano José Carlos Mariátegui e Gilberto Freyre.

A temática do modernismo latino-americano mostra-se extremamente rica possibilitando ao historiador retrabalhar suas bases teórico-metodológicas. Entender a dinâmica do moderno através de suas várias configurações, linguagens e atores, com base na articulação entre a experiência colonial ibérica, globalização e novas sensibilidades resulta em exercício de pesquisa inovador e gratificante. Nessa discussão, o tema da temporalidade histórica adquire centralidade, exigindo que se pense o acontecimento, além do momento cronológico que lhe deu origem. Trata-se de considerar a "espessura da temporalidade", que confere sentido aos acontecimentos. Um acontecimento social, não importa de que natureza seja, é criado e deslocado no circuito ativo da vida cotidiana, composta por percepções, valores e comportamentos extremamente distintos, a densidade é o lugar da história (FARGE, 2002).

Data de um período razoavelmente recente, a proposta de romper o hiato que por tanto tempo isolou o Brasil da América hispânica. Alguns estudos na área da literatura já vêm trilhando esse caminho entre os quais se destacam os de Raul Antelo (1979b), Belluzo (1990) e, mais recentemente, os de Silviano Santiago (2006).

Geração de 1898: a luta inglória dos intelectuais

Passado colonial, situação periférica, busca obstinada da identidade nacional são experiências históricas que aproximam o Brasil e os países da América Latina. Mas na virada do século XIX, quando ocorre de forma sistemática o processo de instauração da modernidade, é que encontramos algumas conexões inesperadas.

Nesse contexto, há uma vertente do imaginário brasileiro sobre a modernidade, que retoma personagens da tradição clássica espanhola, como Gil Blás e D. Quixote. Esses heróis pícaros inspiram os títulos de algumas das nossas revistas literárias. Entre 1895 e 1903, é publicada a D. Quixote, uma revista satírico-humorística, sob a direção de Ângelo Agosttini, um dos nossos maiores caricaturistas. Tendo como protagonistas Sancho Pança e D. Quixote, a publicação comentava os acontecimentos cotidianos, conferindo particular ênfase aos problemas políticos e sociais da nacionalidade. Com esse mesmo título e perfil, Bastos Tigre, dirigiu entre 1917 e 1927 outra publicação humorística.

As questões que se colocam são: como tais personagens oriundos da moderna literatura europeia do século XVII conseguiriam expressar elementos da nacionalidade brasileira? Qual apelo de atualidade transmitiam ao público leitor? Como, enfim, ocorreria a transposição desse imaginário, supostamente tão longínquo, para o contexto social brasileiro do início do século XX?

Uma das matrizes inspiradoras dos nossos intelectuais foi a Espanha. Marcando a influência francesa, fato inconteste na nossa cultura modernista, praticamente nos esquecemos de conferir os vínculos com a Espanha. Não a Espanha dos tempos de Cervantes mas uma Espanha atualizada e mediada pela ação criadora dos intelectuais latino-americanos. Em *Modernismo no Rio de Janeiro* (1996) trabalhei com essa questão analisando as conexões entre os imaginários brasileiro, latino-americano e espanhol. O ponto comum é a situação periférica desses países e as contradições enfrentadas ao longo do processo de modernização.

Na virada do século XIX, a Espanha atravessava uma crise política sem precedentes. Abalado pelo fim das guerras coloniais e pela intervenção dos Estados Unidos, o país vivia um momento de desencanto com a política, experimentando forte sentimento de perda de confiança nacional. Condenavam-se os representantes políticos e seus métodos de administrar a coisa pública. Essa situação de desorientação social seria particularmente vivenciada pelos intelectuais da denominada "geração de 1898". O grupo passou a considerar a arte e a literatura como instrumentos de transformação social.

No Brasil ocorre um processo semelhante com a denominada geração dos "intelectuais mosqueteiros" conforme sugere Sevcenko (1992). Assim como nossos intelectuais tentavam resgatar as raízes populares, os espanhóis acreditavam que a "alma da Espanha" estaria na vida cotidiana do povo, nos seus hábitos simples e não mais nos acontecimentos espetaculares da história. O filósofo Miguel de Unamuno enfatizava a vida dos milhares de homens sem história e Canivet destacava a classe operária como verdadeiro arquivo da nacionalidade, enquanto Pio Baroja estudava os costumes e os hábitos populares.

Era consenso a ideia de que a política seria incapaz de lidar com o complexo e frágil artefato que era a nação moderna. Caberia aos intelectuais, através da pesquisa das tradições populares, desvendar o enigma da nacionalidade.

Miguel de Unamuno defendia essas ideias em Vida de Don Quijote y Sancho, escrito em 1905, quando se comemorava o terceiro centenário da publicação de Cervantes. Unamuno recriara o personagem clássico D. Quixote, fazendo-o dialogar com o presente. O cavaleiro da triste figura, que tivera o seu projeto derrotado, aparecia como símbolo redentor da nacionalidade espanhola. Para a geração intelectual de 1898, da qual Unamuno fazia parte, era urgente defender um movimento de "regeneração intelectual", que devolvesse a dignidade aos espanhóis.

Tais ideias são altamente mobilizadoras para os intelectuais latino-americanos. Como o personagem de Cervantes, eles teriam uma inserção social problemática, devido a sua essencial diferença em relação ao conjunto. Considerados sonhadores e visionários, os intelectuais, através da leitura de Miguel de Unamuno, eram reabilitados como altruístas, justiceiros e idealistas. Essa imagem dos intelectuais capazes de sacrificar seus projetos de vida pessoal em função da coletividade era bem expressiva.

A figura paradoxal de D. Quixote servia para jogar com as fortes dificuldades que representava a entrada desses países considerados periféricos na modernidade. Mas bem antes da obra de Miguel de Unamuno, escrita em 1905, alguns latino-americanos já chamavam a atenção para a simbologia do personagem cervantino. Sugeria-se que ele fosse tomado como exemplo para o novo continente, caso da obra do equatoriano Juan Montalvo *Capítulos que se le olvidaram a Cervantes* (1898).

A influência do autor no imaginário da América hispânica, já no século XVII, era um fato. Apesar do rígido controle da censura, a circulação das obras de Cervantes nesses países acabou ocorrendo, frequentemente pelas narrativas orais. Em 1911, Francisco Rodriguez Martin, em *El Quijote y Don Quijote en America*, registra a presença de personagens cervantinos nas festas populares como a que ocorrera no Peru, em 1607, por ocasião da posse do novo vice-rei. Pessoas mascaradas de D. Quixote, de Sancho, de Dulcineia e do cura se misturavam à dança dos nativos. De alguma forma, a obra adequara-se ao imaginário latino, mesclando-se com aspectos da cultura indígena local.

No início do século XX, já estavam em curso releituras do clássico espanhol. Cabe lembrar que o movimento modernista latino-americano estava acontecendo justamente nessa época. A simbologia de D. Quixote entre os intelectuais latino-americanos não ocorre de uma hora para outra. O aspecto híbrido, plural e combinatório (mesmo que conflitante) da cultura latina é produto de um processo iniciado durante a colonização espanhola.

Tais ideias reforçam a necessidade do historiador de manter-se atento à dinâmica processual da cultura. Rever a concepção de um tempo linear, cronológico e sucessivo para pensar em termos de uma temporalidade densa, agregadora, múltipla e particularmente fecunda. A partir desse quadro, pode-se entender a historicidade e as especificidades que revestiram um modernismo comumente identificado como "periférico".

Na virada do século XIX e no início do XX, podemos vislumbrar uma rede de influências abrangendo a Espanha, passando pelos países latinos e alcançando o Brasil. Desencanto com o universo da política, visão estetizante do mundo, crença no papel transformador da arte e na função redentora dos intelectuais são pontos comuns em evidência. Se a demanda da "alma popular" com seus mitos, crenças e lendas adquire um tom beirando ao dramático este frequentemente combina com o satírico-humorístico.

Seguramente, essa linguagem mobilizou o diálogo entre os modernismos. O fato de simbolizar e tornar risíveis determinados aspectos problemáticos da realidade funcionou como poderosa identidade agregadora. A visão crítica da nacionalidade, o aspecto excludente da modernidade e principalmente o papel do intelectual como herói marginal destituído de missão figuram como os grandes temas.

Transcontextualizado, atualizado e transformado em tipo caricatural, o personagem clássico de Cervantes consegue expressar uma das questões-chave do modernismo latino-americano: a posição outsider do intelectual e da nacionalidade. Na virada do século XIX, quando está em curso o modernismo da América hispânica são lançadas várias revistas, tendo como título D. Quixote e/ou Sancho Pança em Cuba, no Chile, na Argentina, no México. Também na Espanha e em Portugal proliferam essas publicações. Através delas percebe-se claramente o quanto fora difícil sustentar as teses iluministas da razão, do progresso e da alta cultura.

Os quixotes metaforizam uma situação de profundo incômodo e inadequação, expressando uma realidade de contrastes e ambiguidades. O personagem incorporava a oscilação entre os domínios da realidade e os da ficção, situação familiar ao cotidiano desses países.

Nesse contexto ganhou força o herói pícaro. Sua propriedade é apresentar-se como anti-herói, confrontando com a adversidade. Macunaíma, personagem da obra de Mário de Andrade dialoga com esse contexto cultural.

No cenário da modernidade, o intelectual começava a despontar como peça fundamental. Pode-se dizer que a atuação do intelectual moderno, entendida como intervenção social, teve a sua origem no Manifesto dos intelectuais, em 1897, através do movimento liderado pelo escritor Émile Zola. A partir desse momento ele passaria a ser associado sistematicamente à luta pelas conquistas sociais. Nos países onde a modernização ocorreu em clima de conflitos e desigualdades sociais profundos, a linguagem humorística funcionou frequentemente como um recurso estratégico de simbolização. Nesse cenário marcado pela experiência colonial as querelas entre o clássico e o moderno ganham novos sentidos e podem se transformar em apelo dramático, beirando o cômico. É o caso do personagem D. Quixote, ao conclamar: *"A vencer o a morir!... de risa"*.

A partir desse jogo instável de forças incessantemente recriadas e simbolizadas pode-se pensar a conformação dos modernismos latinos.

Mas voltemos agora para a trajetória do moderno brasileiro.

CAPÍTULO I

Em busca da brasilidade modernista

A temática da brasilidade modernista[8] marcou uma longa trajetória, mobilizando os mais distintos grupos intelectuais, desde aqueles que compuseram a "geração de 1870" aos caricaturistas, pintores e literatos de 1800/1920, inspirando também a análise de alguns intérpretes na década de 1930.

Meio século antes de se realizar em São Paulo a *Semana de Arte Moderna*, ocorria no Brasil um movimento literário denominado de "Modernismo" pelo crítico e historiador José Veríssimo na sua obra *História da literatura brasileira*. Reforça-se a necessidade de raciocinarmos em termos de uma genealogia do moderno brasileiro, considerando as várias percepções e propostas presentes nessa leitura do moderno. É na conjuntura de 1870 que se inicia o debate das ideias que conformarão a cultura histórica moderna. O positivismo de Conte, o evolucionismo de Darwin e Hebert Spencer e o intelectualismo de Hippolyte Taine e Renan terão influência marcante na conformação do pensamento social brasileiro, até a década de 1930.

Endossando tais ideias, relendo-as à luz da realidade brasileira ou partindo para a polêmica, os nossos intelectuais as adotaram como chave interpretativa. Tobias Barreto, Sílvio Romero, Graça Aranha, Capistrano de Abreu, Castro Alves e Euclides da Cunha são referência obrigatória na elaboração das bases do pensamento

---

[8] A expressão "brasilidade modernista" foi originalmente utilizada por Eduardo Jardim de Moraes, que alertou para a importância da dimensão filosófica na elaboração das teses modernistas. O autor destacou o valor heurístico da obra de Graça Aranha, sobretudo, *A estética da vida* (1921), para a compreensão das interpretações da nacionalidade nas correntes antropofágica e verde-amarela. Ver MORAES, 1978.

social brasileiro. No entanto, dificilmente estabelecemos relação entre eles e o movimento modernista brasileiro.

A visão estetizante do movimento acabou obscurecendo as suas dimensões filosóficas, políticas e culturais. Ao longo da década de 1870, apesar do predomínio dos valores ruralistas, patriarcais e hierárquicos, a ideia do "novo" começou a irradiar-se por toda a sociedade.

A "Escola de Recife": "um bando de ideias novas"

O fim da guerra com o Paraguai (1865-1870) funcionou como verdadeiro divisor entre o denominado tempo antigo e o moderno. Findo o conflito, o grande dilema da nacionalidade brasileira era a escravidão. A questão tornou-se dramática revelando as ambiguidades do regime. Considerado cidadão ao ser convocado para a guerra, o negro deixava de sê-lo tão logo chegava ao País, vendo a sua família escravizada. A abolição da escravidão e a implantação do regime republicano impuseram-se como face identificadora do Brasil moderno. Mudanças no panorama técnico-industrial alteraram as percepções e as sensibilidades sociais. Impunha-se uma nova percepção do tempo. O sentimento de fruição tendia a desaparecer gerando profundo estranhamento e mal-estar.

Em 1905, analisando o estado de espírito de sua época, Paul Valéry (2003) observara: "Ninguém mais sabe fruir. Alcançamos a intensidade, a enormidade, a velocidade, as ações indiretas sobre os centros nervosos pelo caminho mais curto". A rapidez em que se processavam as experiências no mundo moderno provocaram angustiada sensação de perda de referências.

Expressando novas subjetividades em jogo, a escrita literária possibilita ao historiador contatar aspectos ainda não decodificados da vida social. Nas crônicas de Machado de Assis é forte o sentimento da ambivalência, dada a sensação de estar vivendo duas temporalidades. Observava "A Antiguidade cerca-me por todos os lados. E não me dou mal com isso. Há nela um aroma que, ainda aplicado a coisas modernas, como que lhes troca a natureza [...]" (ASSIS, 1959, p. 220-225). Comentando as inovações introduzidas pelo telégrafo, o autor assinalava as perturbações do cérebro humano decorrente da exigência de rapidez. O espírito de concisão impusera "meias palavras" ou "sombras de palavras" que atropelaram o sentido original das coisas. Por isso, argumentava, melhor seria apelar do telégrafo para o vapor. E concluía ironicamente: "Com isto não ofendo o progresso: ambos são seus filhos".

Machado de Assis argumentara preferir as notícias que chegavam em "boa e esparramada prosa como no tempo em que os paquetes traziam os acontecimentos novos, novos em folha e na folha" (Assis, 1953, p. 256-258).

Tal percepção não podia ser atribuída apenas ao cronista, embora ele fosse primoroso no dizer. A recepção eufórica e irrestrita às novidades coexistiu com outra visão de cunho mais crítico e melancólico. Em "Instinto de nacionalidade" (1872), texto escrito em comemoração ao cinquentenário da independência política brasileira, Machado acenava uma nova via para pensar a brasilidade. Elegia o "sentimento íntimo" como caminho, destacando a necessidade de transformar o instinto da nacionalidade em força consciente. Percebendo os limites de sua geração, observava não existirem ainda forças disponíveis para a "invenção de novas doutrinas".[9]

Esse olhar crítico convive com sentimentos de fé e esperança. Indivíduos que vivem um mesmo tempo podem vivê-lo de maneira totalmente distinta. A retórica triunfalista do *Manifesto republicano*, de 1870, contrastava vivamente com as ideias de Machado. O desejo de mudança surgia em cada linha, buscando-se fixar a imagem de um mundo inaugural em contraste com as ruínas do passado. O *Manifesto* foi considerado um dos marcos da modernização brasileira. Sílvio Romero apresentava-se como arauto dessa visão triunfalista: "Na política é um mundo inteiro que vacila. Nas regiões do pensamento teórico o travar da peleja foi ainda mais formidável, porque o atraso era horroroso. Um bando de ideias novas esvoaçam sobre nós de todos os pontos do horizonte".

Sob a liderança de Tobias Barreto, iniciou-se na Faculdade de Direito de Recife um movimento intelectual de projeção nacional. Um dos grandes desafios enfrentados por essa geração de bacharéis era a integração do Brasil no panorama da moderna cultura ocidental. Em função dessa demanda, buscou-se definir a nacionalidade através da

---

[9] Machado de Assis destacara-se em relação aos intelectuais de sua geração ao romper com os parâmetros externos de avaliação calcados no culto à nacionalidade e nas normas europeias controladoras da ficção. Ver LIMA, 2009.

elaboração de uma crítica literária. Algumas questões importantes foram levantadas. Pela primeira vez, constatava-se o caráter mestiço da cultura. Mas ainda predominava a visão pessimista da nacionalidade, vista como resultado do atraso cultural. Lia-se a brasilidade através da cartilha do darwinismo social, distinguindo-se civilizações superiores e inferiores em função das etnias. Imaginava-se que a nacionalidade brasileira fosse um elo fraco na corrente mundial. Esse quadro só poderia ser modificado no momento que o País conseguisse acelerar a sua marcha evolutiva, integrando-se ao cenário internacional.

Assim como os intelectuais latinos da geração de 1898, os brasileiros acreditavam-se investidos de ideais heroicos. O instrumental científico configurou-se como arma que garantia passagem para a modernidade. Nessa conjuntura, os ideais da observação precisa e a laboriosa coleta de dados exerceram atração irresistível entre os estudiosos da cultura e da civilização. Inspirando-se nas teorias evolucionistas de Hippolyte Taine em *Histoire de la literature anglaise* (1863), definia-se a brasilidade como resultado do meio físico-geográfico, da raça e do momento. A nacionalidade era matéria-prima, uma espécie de pedra bruta a ser trabalhada pelo saber científico das elites.

Várias análises historiográficas assinalam esse conjunto de ideias como prenúncio do autoritarismo que marcaria o pensamento político brasileiro. O período entre 1870-1914 foi considerado preparação do terreno para a modernização conservadora dos anos de 1930. Essa perspectiva de continuidade tem sido contemplada de distintas maneiras, inspirando tanto a "Ideologia de Estado" (LAMOUNIER, 1977) como a "força da tradição" (CARVALHO, 1999).

Se essa geração intelectual marcava-se pela tônica autoritária, é inegável a presença de uma sensibilidade modernista em relação ao entendimento de um *éthos* brasileiro. O povo brasileiro deixava de ser visto de modo abstrato e romantizado, apresentando-se como tema de ordem reflexiva. Nos cantos, nos contos, na poesia e nas danças o povo brasileiro começava a ser identificado na figura do indígena, no africano, no europeu e no mestiço. Em relação ao universo conceitual da época, tais ideias significavam um avanço na interpretação da brasilidade. Mesmo de forma precária e contraditória reconhecia-se a perspectiva da multiplicidade.

Lamentando a ausência de estudos sobre a cultura negra, Sílvio Romero, em *Etnografia brasileira* (1888), argumentava que o material da pesquisa já estava em casa: "[...] temos a África em nossas cozinhas, como a América em nossas selvas, e a Europa em nossos salões". Em *Os cantos populares do Brasil* (1883) e *Contos populares do Brasil* (1885), o autor elaborava um inventário das tradições populares, com base nos critérios etnográfico e geográfico. Tentativa pioneira de sistematização nesse campo de estudos, a obra possibilitou a comunicação entre o domínio letrado e o conjunto da sociedade. Luis Câmara Cascudo saudou o trabalho como "o primeiro documentário de literatura oral brasileira". Outros intelectuais dessa geração, entre eles, Mello de Moraes Filho compartilhavam métodos de trabalho e a própria visão da cultura popular. Sílvio Romero era amigo de Mello Moraes, a quem dedica a segunda edição de *Contos populares do Brasil,* em 1894.

Atento ao tema da mestiçagem, Moraes, em *Os ciganos no Brasil* (1886), alertava para a importância do grupo na formação cultural brasileira. Percebia os ciganos como a "solda da mestiçagem". Revendo a centralidade atribuída ao português e ao negro, Moraes destacava a natureza crédula, fantasiosa e visionária do cigano, integrando-a como singularidade no mapeamento do caráter nacional brasileiro.

A mestiçagem agregava diversas narrativas da brasilidade. Euclides da Cunha (1902) em *Os sertões*, elegera o sertanejo como símbolo da nacionalidade. Descrevendo o confronto entre os jagunços do Conselheiro e as tropas do exército, o autor dramatizava as tensões entre passado e presente, sertão e litoral, Norte e Sul, mestiços e brancos. A obra ganhou grande impacto na época, dada a revelação que trazia ao público. Era a primeira vez que um escritor mostrava, através de uma narrativa comovente, outras possibilidades de pensar o conflito entre o Estado e os sertanejos. Ao apresentar imagens pungentes em que Canudos comparava-se a "Jerusalém de taipa" e comunidade acolhedora frente a um Estado excludente e violento, o autor conseguira sensibilizar a consciência nacional. Ficava claro o isolamento em que vivia parte expressiva da população brasileira. Euclides mostrara os sertões como espaços vazios fora da escrita, da história e da civilização. A obra serviu como grito de alerta para as elites políticas brasileiras.[10]

---

[10] Ver, a propósito, LIMA, 1998; VENTURA, 2001.

Retomando a genealogia do moderno brasileiro, podemos perceber o impacto gerado pela narrativa euclidiana. Certamente um dos pontos que mais chocou a opinião pública foi a constatação de que os sertanejos estavam afastados três séculos do litoral. Era a primeira vez que chegava ao público essa dimensão do Brasil, como país marcado pelas mais distintas temporalidades. Expunha-se o aspecto cruel da distância que separava brasileiros.

Na sua narrativa, Euclides buscava integrar o passado sertanejo à moderna civilização, percebendo-o como cultura dizimada. Sob a forma de memória, viva e atualizada, efetua-se a integração do passado ao presente.

A "geração de 1870" mostrou-se atenta ao processo da modernização, interpretando-o a partir de distintos instrumentais. Nessas narrativas da brasilidade pode-se perceber, no entanto, dois pontos em comum: a questão da temporalidade histórica e o entendimento do campo literário. Compreender como o passado se articulava ao presente e as formas através das quais a literatura vinculava-se à vida moderna é uma questão estratégica. Nesse contexto se inscreve a polêmica entre Sílvio Romero e Machado de Assis.

Ela não é mera retórica literária visando conquista de espaço. Embora esse aspecto estivesse presente, enunciava-se algo bem mais importante: o advento polêmico do moderno. A escolha dos interlocutores e a releitura da realidade nacional são questões-chave para o entendimento dessa divergência conceitual em torno do moderno.

Machado anuncia a modernidade em diálogo com os clássicos da literatura ocidental sobretudo ingleses e franceses. Entre as suas referências, destacaram-se Laurent Stern e Anatole France. Stern inspirou o lado humorístico e irônico de Machado através da obra *The life and opinions of Tristram Shandy*.[11] A quebra da narrativa cronológica, a visão cética do moderno e da razão, bem como a identificação dos letrados e da literatura como entidades subjetivas, conferem singularidade à leitura de Machado. Cético face ao papel redentor do letrado, desconfiando das razões e relativizando valores consagrados pelos padrões literários, Machado estabelece pontos de ruptura significativos em relação à estética romântica e realista.

---

[11] Ver, a propósito, o ensaio de SENNA, 1994, p. 157-163.

Com base nessas ideias, Machado e o crítico literário paraense José Veríssimo conseguiram agregar um grupo de intelectuais em torno da *Revista Brasileira*. A publicação originou a criação da Academia Brasileira de Letras (1897). Defendendo a profissionalização do letrado e um campo de competência própria para a literatura, esses intelectuais envolveram-se na constituição de uma sociedade em moldes modernos.

Sílvio Romero liderou outro grupo que defendia parâmetros bem distintos do moderno. Respaldando-se nos fundamentos teóricos anglo-germânicos, adotara o critério evolucionista etnográfico para pensar a função do indivíduo no campo literário. Agregando os bacharéis da Escola de Recife, Romero defendia apaixonadamente a função redentora e engajada da intelectualidade.

Vista do ângulo da constituição do moderno brasileiro, a polêmica entre Sílvio Romero e Machado de Assis possibilita outro entendimento sobre a literatura, pensando-a como prática escritural. Práticas literárias traduzem maneiras de pensar, imaginar e falar. Deslocando a análise do âmbito puramente textual para o da escritura, torna-se possível perceber o conjunto de elementos que modulam a construção de um texto. A história literária relaciona-se com a história cultural, pois é uma história dos objetos de cultura, das práticas e dos imaginários.[12] O tom das críticas literárias de Sílvio Romero mostrava-se mordaz e agressivo, adotando uma eloquência quase guerreira. Em contraste, Machado se recusava a respostas, preferindo guardar um silêncio quase obstinado. Quando se expressava, fazia-o pela boca dos seus personagens. Em *Memórias póstumas de Brás Cubas* e em *Quincas Borba* (1891), o autor mostrava-se incrédulo em relação ao projeto redentor das reformas sociais. Seu olhar é cético ao avaliar os resultados da abolição e da República.

Ao posicionar-se ao lado de Machado de Assis, o crítico José Veríssimo transformou-se no alvo das críticas de Romero. "Ignorantão pretensioso e atrasado", "Saint-Beuve peixe-boi", "Crítico das tartarugas" foram alguns dos epítetos raivosos criados por Romero para fazer Veríssimo se calar. O regionalismo era diretamente associado ao atraso.[13]

---

[12] Para uma discussão da questão ver THERENTY; VAILLANT, 2005; GOULEMOT, 1993, p. 495.

[13] A polêmica entre Machado de Assis e Sílvio Romero está em VENTURA, 1991.

O confronto entre esses intelectuais sinalizava mudanças cruciais no cenário brasileiro. Modificavam-se a concepção e a configuração do moderno. Em consequência reavaliavam-se as formas de inserção da literatura e dos intelectuais. O instrumental científico começava a ceder lugar para uma crítica literária de ordem subjetiva, inspirando-se, sobretudo, na psicologia. Integrava-se um conjunto de valores que fundamentaria a estética modernista. O grupo heterogêneo que compôs a "geração de 1870" abriu uma agenda complexa de questões.

De maneiras distintas, as obras de Euclides da Cunha e Sílvio Romero haviam alertado para um ponto nevrálgico da nacionalidade: a dificuldade de inserção do regional (no caso, o Nordeste) na nacionalidade. Se a narrativa euclidiana contemplava os sertanejos com uma metáfora pungente ao denominá-los "cerne da nacionalidade", distava em muito o reconhecimento dessa realidade. A polêmica entre Machado de Assis e Sílvio Romero traduz questões-chave norteando o debate sobre o moderno brasileiro.

Na década de 1930, o entendimento de categorias tais como provinciano, regionalista, tradicional pensadas como contraposição ao cosmopolita, universal e moderno encontraria seu prazo de vencimento. Vislumbrava-se outro Brasil, cuja imagem não corresponderia mais a esse esquema interpretativo.

Em 1933, Gilberto Freyre, em *Casa grande & senzala*, propunha uma nova leitura do moderno brasileiro.

"Eu vi o mundo... ele começava no Recife":
o regional, o universal e o moderno

O título do gigantesco painel criado pelo pintor Cícero Dias propunha o regional como chave interpretativa da brasilidade, rearticulando-o com universal e moderno. Essa percepção desencadeou grande polêmica. Em 1928, momento de realização da obra, rejeitava-se o imaginário de um Brasil regionalista, dada confiabilidade atribuída à tese marioandradina da "desgeografização". No imaginário do Brasil moderno a dimensão do regional ainda se constituía em referência duvidosa.

Cícero Dias foi um dos primeiros muralistas abstratos da América Latina. Quebrando padrões pictóricos e explorando a linguagem surrealista dos sonhos, das fantasias e dos arquétipos, o artista recriava o imaginário regional de Pernambuco, exibindo-o como janela de acesso ao universal. Esse foi um dos aspectos da polêmica. A ideia do regionalismo como categoria ligada ao passado e reveladora do atraso brasileiro foi uma visão modernista sistematizada, sobretudo, pelos intelectuais paulista. Ela acabou sendo encampada pela historiografia que lhe atribui uma filiação conservadora. Hoje a questão exige um olhar bem mais crítico. O mito dos bandeirantes, assegurando a expansão das fronteiras nacionais, foi elaborado pelos intelectuais paulistas ao longo da década de 1920. Esse imaginário teve repercussão social ampla e extrapolou as hostes conservadoras. Defendendo as teses modernistas, intelectuais paulistas das mais distintas correntes de pensamento valeram-se do imaginário regionalista bandeirante para reforçar a ideia da vanguarda estética, como o fizeram Mário e Oswald. Aos verde-amarelos coube, no entanto, a construção da narrativa mítica que explicava a origem do Estado Novo (1937-1945).

Tais ideias descortinam um panorama cultural complexo, e o regionalismo destaca-se como uma das categorias reflexivas da brasilidade modernista. A ideia da geografia como agente modulador de valores e características psicológicas comparece como denominador comum. Assim, o imaginário do paulista empreendedor, do carioca contemplativo e do mineiro prudente é uma construção social que se fez ao longo do tempo. Se considerarmos a história como lugar de construção de representações através das quais os indivíduos pensam a sua presença no mundo dando sentido aos seus atos e modelando sua memória, é necessário reconsiderar a questão. No início do século XX esboçaram-se diferentes leituras da tradição e todas buscavam atualizar o passado, conectando-o com as demandas do presente. Nesse contexto, não se sustenta a identificação do regional em oposição ao moderno.

Essas ideias desfazem a imagem do modernismo brasileiro como bloco homogêneo. Desfaz-se também a imagem do regional em oposição ao nacional e ao universal. O fato é que intelectuais de distintas regiões constroem distintas versões sobre a brasilidade em tempos que também podem ser distintos. Consequentemente, rompe-se com a matriz explicativa calcada em uma temporalidade fixa. O modernismo como narrativa da brasilidade extrapola claramente o contexto da década de 1920.

Cícero Dias e Gilberto Freyre elaboraram seus mitos fundacionais em outro contexto sem a mediação tradicional de São Paulo e do Rio de Janeiro. O regionalismo pernambucano se explica não só como reação à marginalidade do Estado de Pernambuco no conjunto da vida nacional. A questão é mais complexa: desde o império, Recife já dispunha de um diálogo direto com a Europa, fato que marcara fortemente as experiências culturais das elites. Um dos problemas do paradigma de 1922 foi reduzir a compreensão do moderno, considerando os contatos internacionais das vanguardas brasileira e europeias a partir da ambiência paulista e carioca.

Nas suas obras, Cícero Dias e Gilberto Freyre retomaram e reelaboraram as bases desse diálogo, sobretudo, com a França. Criticando o centralismo sul, alertaram para a complexidade da paisagem brasileira destacando a "civilização tropical". Nas suas telas, Cícero Dias explorava pigmentos e cores, fazendo-os aparecer no "verde canavial" no "azul céu sertanejo" ou no "vermelho sangue de boi". Gilberto Freyre, em *Sobrados* e *mocambos*, também tematizara as cores como elemento identificador de uma brasilidade nordestina. Formada pela conjugação das influências africana, asiática e indígena, a cultura brasileira, em contraponto à europeia, destacava-se pela viva profusão de cores de suas casas, igrejas, trajes e adereços.

Inspirando-se na conjugação entre referências regionais e universais, o pintor e o escritor pernambucanos estruturaram o seu processo de criação. Ambos descortinaram o mundo das janelas do Recife. Não se pode negar à obra desses autores o estatuto do moderno. Certamente esse moderno incorporou novas percepções, categorias e valores que extrapolaram o cânone fundacional da década de 1920. Integrando referências das tradições locais, esses autores buscaram outras vias para explicar a sociedade burguesa em formação. Cícero Dias foi um dos pioneiros do surrealismo no Brasil, projetando-se no cenário internacional. Criou o cenário para o balé *O jurupari,* de Heitor Villa Lobos, e ilustrou *Casa grande & senzala,* de Gilberto Freyre. Tanto Cícero quanto Freyre residiram e estudaram no exterior, construindo uma rede expressiva de sociabilidades com intelectuais europeus e norte-americanos. Franz Boas e Picasso, por exemplo, constituíram presença marcante nas trajetórias de Gilberto e de Cícero. Com base nos conceitos de raça e de cultura do antropólogo alemão-americano Freyre estruturou os fundamentos da sua obra.

Diferentemente do seu conterrâneo, Cícero Dias envolveu-se diretamente no movimento modernista paulista. Identificou-se, sobretudo, com o *Movimento antropofágico*, liderado por Oswald de Andrade. Na década de 1920, Cícero foi para o Rio de Janeiro estudar belas-artes, onde estabelece contato com Ismael Nery, Di Cavalcanti e Lasar Segal. Mais tarde, o artista expõe em New York e em Paris, onde residiu grande parte de sua vida.

Na tela *Eu vi o mundo... ele começava no Recife*, o artista rompia drasticamente com a lógica narrativa convencional. Criava uma concepção de espaço inusitada para os padrões pictóricos da época. Dispostas de forma espontânea, as imagens atingiam a dimensão do onírico, do fantástico e do erótico. Barcos navegando em terra firme, pessoas caminhando sobre as águas. A arte popular nordestina era a base dessas referências. O artista tematizava suas vivências de menino de engenho mescladas às impressões paisagísticas dos canaviais, engenhos, lavouras e do rio Capibaribe.

Vários são os pontos de diálogo entre as obras de Cícero Dias e Gilberto Freyre. Ambos trabalharam na linha de uma recriação imaginativa da região articulando-a com a brasilidade. Mergulhando na infância e no cotidiano nordestino, inspiraram-se na subjetividade dos sentidos e das emoções. Na escrita de Gilberto Freyre, encontramos rica convergência de linguagens tomadas frequentemente do expressionismo pictórico. É o caso do poema publicado em 1926, na *Revista do Norte*, cujo titulo já é uma narrativa: *Bahia de todos os santos e de quase todos os pecados*. É forte a visualidade da narrativa que conduz o poema. Descrevendo a cidade de Salvador, Freyre nos mostra: "[...] casas trepadas umas por cima das outras / como um grupo de gente se espremendo / pra sair num retrato de revista ou jornal".

O autor mostrou-se atento à dimensão estética da brasilidade, considerando-a base inspiradora do universo conceitual. Analisando em 1925 a formação social de Recife, no *Livro do Nordeste*, foi sensível à arte pictórica. Lamentava que a riqueza da matéria plástica da região não fosse devidamente aproveitada pelos artistas nacionais, que prefeririam adotar as convenções artísticas europeias. Essa ausência de espírito crítico, segundo Freyre, redundava em um verdadeiro desastre no processo da criação nacional. Ironizando a situação, Freyre observava: "Já devêramos na verdade ter passado a idade passivamente colonial de decorar edifícios públicos com as figuras das quatro estações que não representam aspectos da nossa vida; com os Mercúrios; com os eternos leões e as eternas moças cor de rosa e de barrete frígio".[14] Por causa do aspecto pseudo-artístico dessas convenções, elas se apresentavam sempre defasadas em relação à nossa história natural e social.

A matriz inspiradora das artes deve ser o nordestino, o regional e o local. O que Freyre estava criticando, na realidade, era a defasagem no processo da assimilação cultural. Não há propriamente troca quando a assimilação se dá de forma acrítica. Em contraposição aos artistas brasileiros que imitavam o que consideravam europeu, os pintores Franz Post e Albert Eckhout, no Nordeste, conseguiriam trabalhar as suas obras explorando esse manancial inspirador.

A forte empatia em relação à matriz regionalista foi uma das razões que certamente incompatibilizaram a obra de Freyre com o moderno.

Além da casa grande: Gilberto Freyre revisitado

A reconceituação do moderno brasileiro e a própria reescrita da história favoreceu uma reavaliação crítica da obra de Gilberto Freyre. É conhecido o processo de desqualificação sofrido pelo autor entre as décadas de 1960 a 1980. A sua posição de apoio ao golpe militar de 1964 e a sua visão da sociedade brasileira, considerada conservadora, acarretaram tal julgamento. Para Freyre o aspecto do conflito social, na época considerado motor da história, não estava em primeiro plano. Em uma conjuntura em que predominavam as interpretações marxistas, a ideia de convívio e proximidade entre distintas classes e etnias era considerada comprometedora em termos de referencial teórico. Se na década de 1980 iniciava-se um processo de releitura de Freyre, predominava ainda a versão acusadora. No ano de 2003, em que se comemorava o centenário do seu nascimento, realizaram-se, de forma mais sistemática as reavaliações interpretativas.

Foi claro o esforço de ampliação do conceito do moderno, porque romperam os marcos canônicos fixados pela tradição historiográfica. O reexame de *Casa grande & senzala* expressou esse

---

[14] *Livro do Nordeste*, citado por DIMAS, 2003.

procedimento. Procurando analisar a produção intelectual de Gilberto Freyre, anterior ou posterior à década de 1930, ou discutindo suas obras consideradas de "menor relevância", tais análises reforçaram uma nova forma de fazer história em diálogo com a literatura, as artes e a antropologia. O crescimento da nova história cultural no Brasil, a partir da década de 1980, favoreceu esse novo olhar.

Essa vertente historiográfica, que partia de um universo conceitual complexo e de caráter polifônico, reforçou a problematização do passado: ele passou a ser percebido na sua dimensão múltipla, acentuando-se os aspectos controversos e inconclusos. Assim configurado, o passado tornou-se referência-chave na interpretação social, por isso demandava a integração de novos temas, objetos e fontes. A tarefa interpretativa do historiador foi redimensionada na sua subjetividade. Nesse contexto de reconceituação do moderno brasileiro a obra do pernambucano tornou-se objeto de cuidadosas reavaliações historiográficas como as de Araújo (1994), Kosminsky (2003) e Dimas (2006).

Acentuou-se como singularidade o fato de o autor ter enfrentado um dos dilemas cruciais da formação social brasileira: a atualidade da escravidão e o aspecto rural das raízes civilizatórias. Ao mostrar essa face identificada com o atraso desde as discussões das campanhas abolicionista e republicana, Freyre revelava outra imagem do Brasil, que certamente não constava nas teses modernistas paulistas, tampouco era aceita no Rio de Janeiro cosmopolita. Predominavam sobretudo em São Paulo as referências eufóricas associando-se o moderno à vertente industrial-urbana e tecnológica.

Essa dimensão demiúrgica circunscrita ao contexto de 1920 balizou a reflexão historiográfica sobre o moderno brasileiro. Tendeu-se a obscurecer a dimensão regionalista limitando-a ao grupo verde-amarelo, identificado com o lado conservador do moderno.

Na realidade, as articulações entre o regional, o nacional e o moderno são bem mais complexas: o debate permanece até a década de 1940. Defendendo a versão de uma brasilidade modernista, Gilberto Freyre criticou a percepção homogênea do moderno encampada pelas elites paulistas. Durante as suas incursões pela Europa, teve a oportunidade de elaborar outra visão. Terminando os estudos em Nova York, viajou pelos países europeus durante dois anos, passando em Paris, Oxford e Heidelberg. Estabelecendo contato com a experiência de diversos modernismos, o jovem acadêmico percebera a singularidade da integração.

Em 1922, passando pela Alemanha do pós-guerra, chamou-lhe atenção o tema da "monumentalização da cultura", capaz de reavivar tradições e combinar cosmopolitismo e localismo (LARRETA; GIUCCI, 2007).

Criticando os limites da cultura moderna, centrada na lógica intelectiva, o autor enfatizava as particularidades humanas, firmando a necessidade de integrar intelecto, sensibilidade e imaginação. Na sua juventude, Freyre integrara a vertente modernista que articulava a discussão do moderno à vida mental e às subjetividades, conferindo-lhes o papel de força organizadora na vida social. O seu convívio com os jovens Sérgio Buarque e Prudente de Moraes Netto em meados da década de 1920, no Rio de Janeiro, corrobora o fato. Na época, esses intelectuais na direção da revista *Estética*, defendiam a singularidade da brasilidade, enfatizando a dimensão do experimento na articulação com as tradições. As artes plásticas, a música popular e a literatura foram consideradas espaço dessa experimentação cultural, revelando sua face inusitada.[15]

Na releitura da obra de Gilberto Freyre deve-se tomar o cânone como construção do próprio autor, de acordo com Araújo (2005). Freyre fizera de *Casa grande & senzala* fonte inspiradora e versão inaugural do conjunto da sua obra. Na realidade, *Sobrados e mocambos* (1936) e *Nordeste* (1937) revelam articulações e ampliações das teses sociológicas de *Casa grande & senzala*. Em *Sobrados e mocambos* o autor conseguiria conferir novos contornos à sociedade brasileira, destacando a sociabilidade fraterna e popular que se caracterizava pela simplicidade, solidariedade, harmonia, estabilidade e informalidade.

Essa descoberta é importante, pois relativiza a tese do patriarcalismo como chave interpretativa da cultura brasileira. Gilberto Freyre percebera em valores encontrados nas culturas populares elementos da singularidade civilizacional (ARAÚJO, 2005). Mesmo de forma lacunar e errática, abriam-se novos horizontes de análise.

---

[15] O tema está discutido em VELLOSO, 2010.

Vários estudos mostram que, antes de escrever Casa grande, Gilberto Freyre já vinha forjando as categorias interpretativas da nacionalidade brasileira. Temas como patriarcalismo, escravidão, intimismo, civilização doméstica e miscigenação entre senhores e escravos, foram abordados em *Vida social no Brasil*, em meados do século XIX, que fora tema da sua tese de mestrado em Ciências Políticas e Sociais, defendida em 1922, na Columbia University.

Antonio Dimas (2003) chamou a atenção para o aspecto inaugural da escrita de Freyre em "Aspectos de um século de transição no Nordeste brasileiro" em *O livro do Nordeste*. Publicado em 1925, em comemoração ao centenário de fundação do *Diário de Pernambuco*, a obra que o autor fora convidado a organizar, configurava um painel das tradições regionalistas de Pernambuco.

Comentando a brusca mudança nos contornos da paisagem nordestina, Gilberto Freyre associou-a ao deslocamento de valores que ocorrera também de forma rápida. Um universo de base agrária, rural, artesanal e moldado pela singularidade cedera lugar a outra constelação de valores ditados pelo pragmatismo e a eficiência, típicos da civilização norte-americana. Freyre mostrava, no entanto, que essa camada de sentido original não desaparecera, mas permanecia soterrada na cultura cotidiana.

O poema de Manuel Bandeira *Evocação do Recife* foi originalmente publicado nesse livro. Era com os olhos da infância que o poeta passeava pela cidade, reconstruindo paisagens da memória afetiva: "[...] o Recife sem história nem literatura, Recife sem mais nada, Recife da minha infância".

Na imagem de uma cidade se aconchegam lembranças de nomes, lugares, tipos, santos, brincadeiras de crianças e sons de música das ruas. É nessa cidade, lugar de memórias, que o poeta reconhece Recife. Uma cidade "que parecia impregnada de eternidade", mas que estava morta: o "Recife brasileiro como a casa de meu avô". Expressando-se através de uma escrita livre e inovadora, Manuel Bandeira tematizava uma cidade bucólica de cadeiras nas calçadas, das novenas, das cavalhadas e do sertãozinho de Caxangá. Não era a reconstrução preciosista do antiquário, mas a reelaboração literária de uma experiência vivida. Uma escrita que compatibilizava as tradições com o moderno.

Com o apoio dos intelectuais pernambucanos reunidos em torno de *O livro do Nordeste* (1925), Freyre organizou, entre 7 e 11 de fevereiro de 1926, o Primeiro Congresso Regionalista do Nordeste.[16] O evento, cujas ideias seriam sistematizadas em 1952, retomava e aprofundava, segundo Antonio Dimas (2003), questões já expostas em *O livro do Nordeste*.

Elegendo o regionalismo como mediação da singularidade cultural brasileira, em um contexto em que a aristocracia cafeeira paulista investia esforços para obscurecer a memória rural, Gilberto Freyre abria outra vertente para pensar o moderno brasileiro, não fundamentada na categoria hegemônica do progresso e da racionalidade técnico-científica. As cidades nordestinas passavam a ser focadas a partir de outras perspectivas, questionando-se o aspecto homogêneo e sem rasuras atribuído ao universal. Essa visão harmônica da cultura, baseada no regional tornou-se alvo da crítica.

Entre as várias restrições, destacou-se o aspecto do exotismo cultural em relação à imagem do negro, que acabaria sendo transformado em habitante de um verdadeiro paraíso tropical. É necessária uma consideração mais cuidadosa do pensamento do autor sobre a cultura. É aferindo essa historicidade que podemos entender a sua obra na moldura temporal.

Freyre construiu uma visão complexa do conceito de cultura, inspirando-se nos referenciais da antropologia norte-americana. Entendia que a esfera da cultura extrapolava os traços da solidariedade, a consistência e a homogeneidade que a definiam como lugar da ordem e da identidade. Na sua dinâmica interna, a cultura criava diferenciações e desordem, produzindo anarquia na própria vida social.[17] Há, portanto, que considerar *Casa grande & senzala* no contexto do pensamento social brasileiro, no momento em que a obra foi escrita.

Gilberto Freyre conseguira equacionar uma questão fundamental para a sua época. Criticando o critério da homogeneidade cultural deslocou a imagem de um país que se apresentava como moderno. Mostrou a fragilidade e as rachaduras desse projeto que privilegiava a ordem, o controle e a homogeneidade como forma

---

[16] O programa do Congresso pode ser encontrado em LARRETA; GIUCCI, 2007, p. 292-293.
[17] Essas ideias estão expostas no trabalho de ARAÚJO, 1994.

de impor-se no contexto internacional. Destacando a temática da escravidão, do latifúndio, do ruralismo e do patriarcalismo, Freyre mostrou outra possibilidade interpretativa para a realidade brasileira. Propôs na sua teoria da cultura, forjada com base na ambiguidade, a categoria da Hybris porque entendia essa força singular como uma das chaves interpretativas da cultura brasileira. Tais ideias são analisadas por Araújo (2005), que questiona a tese do "paraíso tropical", atribuída a Freyre.

Em linhas gerais, destaca-se a complexidade da matriz lusa no processo civilizatório brasileiro. A mestiçagem, oriunda da própria história da península ibérica, provocaria a convivência de vários grupos e culturas, como fenícios, árabes, franceses, judeus e romanos, gerando, dessa forma, um "equilíbrio de antagonismos". Por isso, na sociedade brasileira, existiria a possibilidade de combinar separadamente um corpo de valores contraditórios como a violência e a proximidade sexual, o despotismo e a confraternização. Foi forjada pela própria experiência social brasileira uma visão marcada pelo princípio da miscigenação, heterodoxia, ambiguidade e indefinição de valores. A obra de Gilberto Freyre mostra uma face inovadora ao apresentar novas vias interpretativas em relação ao modernismo, na medida em que dialoga no âmbito literário em conexão com a antropologia e as ciências sociais.

Ao integrar novas fontes metodológicas como jornais, fotografias, diários, livros de etiqueta, registros de batizados e de óbitos, cadernos de receita, o autor mapeia cuidadosamente os domínios da vida privada cotidiana, extraindo ideias decisivas para o entendimento de novas dinâmicas regendo a cultura brasileira.

Diálogos com a história

O que singulariza a interpretação de Gilberto Freyre não é só o diálogo com a literatura, mas o fato de ter se contraposto aos padrões da escrita modernista vigente. No início da década de 1930, defendia-se a necessidade de uma arte literária engajada. Afirmando ter "passado a hora das coisas bonitas" (alusão ao Modernismo), o crítico literário Alceu Amoroso Lima argumentava ser necessário que a literatura deixasse de ser um mero jogo de palavras ou de imaginação.[18]

---
[18] Essas ideias foram expressas em Vida Literária, *O Jornal*, 19 out. 1930 e 21 dez. 1930.

Combinando pressupostos teóricos das ciências sociais com recursos narrativos de ordem literária, Gilberto Freyre dava um novo enfoque à questão. Jacques Leenhardt (2006) chama a atenção para um aspecto importante: o autor conseguira explorar realidades sociais ainda não beneficiadas pela elaboração teórica, incorporando o tempo do romance como referencial de narrativa da brasilidade. Inspirando-se nessa temporalidade, Freyre conseguiu expor a multiplicidade de cenas que compunha o processo social da mestiçagem brasileira.

Diferindo dos seus pares acadêmicos, tais como Sérgio Buarque de Holanda e Caio Prado Júnior, Freire desenvolve a sua escrita sem buscar justificar escolhas intelectuais e construção teórica. Na realidade, o autor apresentou uma visão paradoxal e trágica da existência, revelando uma modernidade estruturada em torno de valores ambíguos e conflitantes. Mostrou uma comunidade que, dilacerada internamente, convivia com extremos sociais tais como a fraternidade, a integração, a violência e a exclusão.[19]

Foi assumindo a cotidianidade como referencial de análise que Gilberto Freyre conseguiu chegar a tal conclusão. Esse é um dos pontos que suscitam discussões sobre a aproximação entre Gilberto Freyre e a historiografia francesa, relacionada aos autores da École des Annales, da primeira e segunda gerações, especialmente vinculados à nova história. Uma das propostas básicas do grupo, defendidas por Lucien Febvre em 1932, em *Combats pour l'histoire* era derrubar as velhas divisões entre as disciplinas. Marc Bloch, em *Apologia da História ou o ofício do historiador*, reforçaria essa perspectiva defendendo a necessária entreajuda da história como condição de sua universalidade.

A obra de Gilberto Freyre dialoga intensamente com tais ideias.

Em novembro de 1945, Braudel o convidara para compor o Comitê de Patronage dos Annales: Sociétes, Economies, Civilizations, que dirigia com Lucien Febvre. Em 1953, Freyre seria eleito por unanimidade membro do Comitê Diretor da Associação Marc Bloch, diretamente ligado à École Pratique des Hautes Études. Tais afinidades, no entanto, não arrefeceram a polêmica. Se Lucien Febvre, Marc Bloch e Braudel reconheceram competências de um

---

[19] Essa temática está em ARAÚJO, 1994.

historiador em Freyre, não abriram mão da questão disciplinar: seria ele, de fato, um historiador ou um sociólogo?

No interior do debate modernista brasileiro, as disputas em torno das filiações às matrizes francesa e norte-americana são fator de clivagem no campo intelectual no que se refere à constituição de uma sensibilidade modernista.[20] Apesar de Freyre ter desenvolvido seus estudos em universidades norte-americanas e ter sido influenciado pelo estilo interdisciplinar oriundo da nova história cultural, que lá fez escola, é inegável a sua forte empatia pela França. A recíproca foi verdadeira. Os historiadores franceses, vinculados ao movimento dos Annales, foram receptivos à interpretação de *Casa grande & senzala*. Lucien Febvre e Fernand Braudel prefaciaram a obra na ocasião em que foi publicada na França (1952) e na Itália (1965).[21]

Ambos louvaram o fato de Gilberto Freyre ter conseguido compor a sua escrita com base nas práticas e nas representações culturais, libertando-se do paradigma hierárquico do saber. Fragmentos de crenças, valores, visões de mundo, modos de ser, de fazer e de sentir, se colocados na perspectiva do uso, mesclavam-se apontando para uma dimensão universalista do conhecimento. O fato de o autor valer-se de um raciocínio despido de intelectualismo e artifícios era outro fator que cativara os historiadores franceses. Na ocasião, Lucien Febvre, chamara atenção para algo inédito no panorama historiográfico: o fato de Gilberto Freyre ter aberto uma possibilidade renovadora para os pesquisadores da região transatlântica. Febvre fazia uma observação interessante, argumentando que os historiadores americanos, pelo fato de viverem em intenso contato com a recriação do cotidiano de sua civilização, teriam possibilidades de fazer uma história cultural mais rica.[22]

Para Sandra Pesavento, o impacto exercido pela obra freyriana deve-se ao fato de o autor ter conseguido sistematizar algumas ideias que já vinham sendo discutidas no imaginário da brasilidade.

---

[20] A disputa entre as duas matrizes civilizacionais atinge as mais distintas configurações, presentificando-se na polêmica em torno de um corpo brasileiro como dimensão da brasilidade modernista. Ver VELLOSO, 2007a.

[21] A tradução francesa *Maîtres et esclavages*; *la formación de la société brésilienne* é de Roger Bastide, e a italiana *Padrón e eschiavi: la formazione debela famiglia brasiliana in regime di economia patriarcale*.

[22] Essas ideias foram desenvolvidas por Ricardo Benzaquen de Araújo na apresentação da revista *Novos estudos Cebrap*, leituras de Gilberto Freyre, n. 56, março de 2000.

A natureza dionisíaca do Brasil e da França era uma delas. Assim, o "primitivismo" da cultura brasileira aliava-se à curiosidade e ao interesse dos franceses pela descoberta e pelo novo (PESAVENTO, 2006). Freyre reforçara enfim esse entrecruzamento dos olhares francês e brasileiro. Na década de 1910, a ideia de brasilidade de origem latina, marcada pelo dionisíaco, sensual, corpóreo, esteve presente no debate sobre dança do maxixe, quando esta foi apresentada nos palcos de Paris. No domínio da grande imprensa, estavam configurando-se as bases inaugurais desse debate. *Casa grande & senzala* corrobora tais ideias trabalhando com temas sociais conhecidos mas ainda não explorados pela discussão teórico-conceitual. Ocorre um reconhecimento de imagens nesse entrecruzamento de olhares do "nós" e o "outro".[23]

Enfatizando a influência dos historiadores franceses na divulgação de sua obra, Freyre chegou a responsabilizá-los pelo seu reconhecimento e consagração intelectual. A questão é polêmica. Na realidade, a obra freyriana foi traduzida antes na Espanha, depois nos EUA e na Inglaterra. As traduções em inglês teriam maior reedição do que na França. Durante a sua estada, em Paris, em 1922, o autor teve mais contato com a ambiência do modernismo anglo-americano do que propriamente com a vanguarda francesa. As obras francesas funcionaram como guia inspirador, ajudando a compor o seu trabalho. Aliás, era essa a concepção do autor quanto à ação das influências. No romance, Proust foi referência fundamental; no campo da história, Jules Michelet e os Irmãos Concourt.[24]

No processo de construção de sua memória, o autor provavelmente se empenhou na valorização do grupo ligado à nova história, porque ela destaca um elemento que lhe parecia essencial: a singularidade da hybris, dada pela fusão das culturas. Ademais, a crítica francesa pautava-se pelo caráter humanitário, reforçando a capacidade intelectiva, inspirada na intuição e sensibilidade social. O aspecto paradoxal e dionisíaco do moderno brasileiro, articulado com base na intimidade cotidiana, no regional e no provinciano, de

---

[23] A recepção de Gilberto Freyre na França pode ser analisada através da documentação da Fundação Joaquim Nabuco e da Fundação Gilberto Freyre. Consultar a propósito os trabalhos de PESAVENTO, 2006; LEMAIRE, 2006.

[24] Uma discussão sobre o campo das influências intelectuais em *Casa grande & senzala* pode ser encontrada em LEMAIRE, 2006; BURKE, 1997; LARRETA; GIUCCI, 2007.

nostalgia romântica, apontando em direção ao universal, traduzem aproximações significativas em relação aos franceses.

Gilberto Freyre sublinhou a diferença essencial entre o padrão civilizatório brasileiro e o anglo-saxão, dada a "civilização dos excessos". No Brasil, país marcado pelo duplo pertencimento cultural, as tradições populares neutralizaram a face europeizada (formal, erudita e excludente), contaminando os valores cotidianos e forjando novas lógicas de identificação, comportamento e participação. Esses valores interferiram na dinâmica de funcionamento de algumas instituições-chave na vida social.[25]

Percebendo outra expressão do modernismo baseada na civilização dos trópicos (como o fizera Mário de Andrade em *Macunaíma*), Freyre, em *Casa grande & senzala*, dialoga certamente com alguns pressupostos da nova história. No entanto, não foram exatamente, tais ideias que estruturaram a sua obra. É condizente pensarmos em um quadro de referências comuns pautado pelo ecletismo multidisciplinar e refinamento na análise da cultura. Compreendendo a história como indagação no que se refere à construção do seu objeto o autor pode ser identificado com os fundamentos da vertente francesa da micro-história. Desconfiando da existência de uma inteligibilidade global do social, Freyre privilegiava os costumes, os comportamentos e os gostos. Inspirou-se em parte nos pressupostos da antropologia norte-americana, cuja *démarche* privilegiava o recorte reduzido do social porém, articulado com o conjunto. Através do conceito de hibridismo, buscou a complexidade das identidades sociais, percebendo-as na sua múltipla temporalidade e espacialidade.[26] A sua ênfase no universo da casa (engenho ou o sobrado) e do privado como núcleo irradiador dos valores culturais da sociedade brasileira é um exemplo dessa démarche inquiridora. Seu interesse pela temática da infância configurou-se também como um microcosmo da cultura brasileira.[27]

---

[25] A análise de uma lógica própria, inerente ao sistema colonial brasileiro, no que se refere ao funcionamento da família, da igreja, especialmente, do catolicismo da casa grande está em ARAÚJO, 1994.

[26] Uma boa discussão sobre os fundamentos teórico metodológicos da micro-história está em REVEL, 2006.

[27] Uma discussão sobre as aproximações da obra de Gilberto Freyre com a história cultural pode ser encontrada em BURKE, 1997.

Analisando os componentes do patriarcalismo na sociedade colonial, Freyre buscou outro foco de análise, dissociando-o da visão totalizadora que o reduzia a mera negatividade. Trabalhando com variáveis sociais complexas conseguiu perceber a forma singular de lidar com a diferença etnocultural. É nesse contexto que surge a categoria da mestiçagem. Ao desenvolvê-la, Gilberto Freyre já prenunciava alguns aspectos da análise de Serge Gruzinski sobre o caráter complexo da composição cultural no novo mundo. Não seriam culturas se encontrando, mas fragmentos da Europa, da América e da África, ocasionando sobrevivências, adaptações e elaborações inusitadas.[28]

Jacques Leenhardt (2006) destaca os pontos de diálogo entre Gilberto Freyre e os historiadores franceses, a partir da convergência de algumas questões polêmicas: a natureza da escrita historiográfica, as fronteiras entre as disciplinas acadêmicas e a eclosão do debate (em escala internacional) sobre o colonialismo e as raças. Assumindo uma perspectiva multidisciplinar, Freire nas páginas de *Casa grande & senzala*, abriu novos rumos reflexivos, possibilitando um diálogo entre a *new history* e a *nouvelle histoire*, mediado pela experiência brasileira.

Recorrendo às ideias da nova antropologia cultural inspirada por Franz Boas, repensou questões fundamentais da cultura brasileira.

Se o Nordeste configurou-se como núcleo formulador de outra vertente do moderno brasileiro a partir da valoração do regionalismo, em Minas Gerais também percebe-se, embora de forma distinta, a tendência para essa dinâmica.

O mineirismo[29] *e o "sentimento do mundo"*

A historiografia tem destacado a incompatibilidade entre modernismo e regionalismo argumentando justamente sobre a forte incidência desse imaginário na escrita modernista. Em termos históricos, é mais procedente analisar o fato do que tentar fazer dele um problema a ser

---

[28] Esse entendimento sobre o conceito de mestiçagem está desenvolvido em GRUZINSKI, 1999. Para uma análise mais atualizada da questão incluindo a dimensão da colonização portuguesa, ver o artigo do mesmo autor "De Matrix a Camões: história cultural e história global - entre a mundialização ibérica e a mundialização americana", em GRUZINSKI, 2006.

[29] "Mineirismo" foi uma expressão, cunhada por Alceu Amoroso Lima, referindo-se à existência de um "espírito mineiro", que, sem se restringir ao regional, exerceria influência na modelação de uma subjetividade identitária.

superado. Essa polêmica sobre o lugar do regional no Modernismo é importante.

Em depoimentos sobre a questão, em 1945, Sérgio Buarque de Holanda discordou de Gilberto Freyre, que se referiu ao Modernismo como "inimigo de toda forma de regionalismo". Holanda relembrara a dimensão regionalista de várias obras, entre elas, *Os condenados*, de Oswald de Andrade, *O Ritmo dissoluto*, de Manuel Bandeira, e os poemas de Mário "Clã do jaboti" e "Carnaval carioca".[30] Claro que são visões distintas do regional.

Redimensionando questões como agrarismo, ruralismo, provincianismo, patriarcalismo, tradição e folclorismo, o imaginário regional mostrou-se extremamente rico e flexível. É no bojo dessa historicidade que ele deve ser pensado, destacando-se as suas múltiplas configurações e temporalidades. Essa possibilidade articuladora do regional/nacional foi uma das estratégicas mais bem-sucedidas do regime autoritário do Estado Novo (1937-1945).

Colocando-se em defesa do Estado Nacional, a revista *Cultura Política* incentivara os intelectuais dos diferentes estados a criar suas versões sobre as origens da nacionalidade. Não lhe importava que tais interpretações fossem distintas entre si; ao contrário, importava que contribuíssem para o enriquecimento de uma narrativa oficial da brasilidade.[31] Tais fatos mostram as práticas e as representações em jogo sobre o regional. Longe de ter um significado unívoco e delimitado, o tema atravessa o imaginário da nacionalidade brasileira, compondo distintas articulações. O modernismo mineiro é um exemplo dessa dinâmica articuladora.

Funcionando como sólido núcleo agregador, o regionalismo imprimiu em Minas traços bem particulares. Estreitaram-se os vínculos entre os intelectuais e o universo da política. A questão mereceu atenção especial na análise de Fernando Correia Dias (1971), considerada um clássico na historiografia modernista mineira. Dias mostra o empenho das forças regionais na articulação dos valores renovadores da sociedade, transformando e atualizando

---

[30] Ver, a propósito, a entrevista de Holanda, em SENNA, 1968b.

[31] Para um estudo detalhado dessa política cultural, ver OLIVEIRA; VELLOSO; GOMES, 1982. Sobre a polêmica do regional nacional consultar a Brasilidade verde-amarela: nacionalismo e regionalismo paulista. In: *Estudos Históricos*, Rio de Janeiro, v. 6, n. 11, 1993, p. 89-102

as velhas oligarquias estaduais, no intuito de convertê-las em elite no poder. Outra questão destacada é a consciência dos intelectuais da "geração de 1925" quanto à preservação da continuidade histórica da região. É clara a influência das elites políticas no âmbito da imprensa jornalística e da burocracia administrativa, o que tornou os jovens modernistas dependentes e devedores desse contato para conseguir emprego e a divulgação de suas ideias; porém outros fatores também contavam. Criou-se uma base de ação conjunta entre os intelectuais, a burocracia administrativa e o governo, fato que conferiu especificidades ao modernismo mineiro. Foram fortes os vínculos de base identitária, entre os intelectuais mineiros, a região e a nacionalidade na relação com o universalismo cosmopolita. O sentimento de pertencimento à nacionalidade encontraria expressão quando mediado por essa rede.

A valoração da divisa tão presente nas páginas de *A revista* (1925-1926): "Minas dentro de Minas" e "Brasil dentro do Brasil" traduz esse espírito. A conciliação regional-nacional-universal é especialmente enfatizada pela publicação. Nas suas páginas podemos acompanhar a construção de um imaginário que identifica como traço característico do mineiro o espírito de síntese. Ele seria capaz de harmonizar influências culturais, as mais distintas, sem perder de vista o rumo proposto. A crítica literária mineira contribuiu bastante para a estruturação desses valores. A avaliação da obra de Affonso Arinos de Mello Franco, *Pelo sertão* (1898), é esclarecedora. Enfatizando o universalismo da obra, Emílio Moura observara: "apesar de receber o beijo malicioso do Mediterrâneo", Afonso não sofrera a "moléstia de Nabuco".[32]

As revistas modernistas mineiras deixam claras a sua proposta visando direcionar esforços para repensar a tradição, firmar a conciliação das lealdades e o apelo à razão (DIAS, 1971; 1975). Logo no seu primeiro número *A revista* apresenta um projeto construtivo baseado na ação, agrupando, além dos intelectuais da publicação, Mário de Andrade, Pedro Nava, João Alphonsus, Ronald de Carvalho, Milton Campos, Godofredo Rangel, Onestaldo de Pennafort. No entanto,

---

[32] Ver *A revista*, julho de 1925. A "moléstia de Nabuco" foi uma expressão utilizada por Mário de Andrade em carta endereçada a Carlos Drummond de Andrade (novembro de 1924). Nela fazia uma crítica ao pessimismo diletante das nossas elites que teriam o vício intelectual de pensar o Brasil com o "olhar para fora", dado o verdadeiro culto que devotavam à influência europeia. No caso, a referência era endereçada a Joaquim Nabuco.

nessa base estavam embutidos conflitos e dissensões internas. No processo de formulação da identidade nacional os mineiros travaram surda batalha em relação ao regionalismo. Ao mesmo tempo que o identificavam como obstáculo ao moderno, elegiam-no como um dos núcleos condensadores da singularidade mineira. A ideia da integração do regional era consenso, mas havia divergências quanto às formas de implementá-la.

As revistas literárias mineiras buscaram de distintas formas adequar-se ao projeto estético do modernismo paulista sobretudo, em diálogo com Mário de Andrade. No entanto, o paradigma não se impôs de forma consensual: provocou polêmicas, desentendimentos e até acordos.

Polêmicas entre Manu e Alphonsus

Deslocando-se do registro canônico modernista, é possível encontrar pistas interessantes revelando que o acordo de ideias nem sempre prevaleceu. O epistolário modernista e a crítica literária são recursos historiográficos que possibilitam essa incursão no domínio das representações. Em 1926, a polêmica suscitada por Austen Amaro, um jovem e desconhecido escritor mineiro, revela como eram tensos os vínculos entre o regional e o nacional, o local e o cosmopolita, o rural e o urbano. Provavelmente ao escrever o seu livro *Juiz de Fora*, poema lírico (1926), esse jovem não podia prever que seria o pivô de uma contenda intelectual, envolvendo direta ou indiretamente figuras que seriam chaves no movimento, tais como Manuel Bandeira, Carlos Drummond de Andrade e Mário de Andrade.

Sintonizada com a produção poética dos primeiros tempos modernistas, a obra de Austen, após desencadear polêmica apaixonada, caiu no mais completo esquecimento até ser reeditada, em 2004.[33] Para Guimarães (2004) a obra foi esquecida porque Austen tinha desistido dos caminhos experimentais do Modernismo, preferindo ater-se ao parnasianismo romântico nas obras seguintes.

A questão procede, é claro. No entanto, também serve para esclarecer aspectos referentes à constituição do campo intelectual e à própria memória modernista. O conflito se inicia quando Manuel

---

[33] A reedição cuidadosa da obra foi organizada e prefaciada por GUIMARÃES, 2004.

Bandeira publica na *Revista do Brasil*, em 30 de setembro de 1926, uma crítica a *Juiz de Fora*. Enquanto apontava o "futurismo brabo" do autor e o uso de palavras de mau gosto, Bandeira argumentava que a obra continha uma comoção bem brasileira, comparando-a à visão dos rapazes da revista *Terra Roxa*, que a perceberam como "manifestação espontânea do Pau-Brasil". Talvez esse tenha sido um dos pivôs da questão. O argumento favorável à obra aparecia associado ao juízo dos paulistas. Para elogiar Amaro Austen, o crítico recorrera à voz "autorizada" dos rapazes paulistas. João Alphonsus sai em defesa do conterrâneo mineiro. Integrando o grupo editorial de *A Revista* (1925), colaborador do *Diário de Minas*, jornal do Partido Republicano Mineiro, o intelectual já se distinguia no seio da sua geração, e era reconhecido como uma das lideranças mineiras. Como os seus companheiros, Alphonsus defendia ideias que reforçavam visões positivas do grupo, da cidade e do Estado. Naquela época, a cidade de Juiz de Fora era considerada a "Manchester brasileira". Por sua vez, Austen Amaro não era um desconhecido era redator-chefe da *Revista Mineira* e integrava o quadro de *A Revista*. Os dois intelectuais estavam empenhados no projeto de construção de uma identidade mineira.

Na resposta a Manuel Bandeira, essas questões se manifestam com muita clareza. Alfhonsus defende o aspecto modernista de Juiz de fora, argumentando que a obra está afinada com o conjunto do Modernismo. Nesse aspecto, Alfhonsus tinha razão. Havia poemas comprometidos com o trabalho de construção: "Eu canto a promessa do Presente / com Carlos Drummond de Andrade e o João Alphonsus dos poemas brasileiros / com Vila Lobos e o Modesto Brocos / da Redenção de Cam / E Tarsila do Amaral de hoje / balbuciando a pintura brasílica...

É a esse trecho do poema que Manuel Bandeira se reporta quando comenta o seu aspecto de "ridículo sublime". Prosseguia a crítica, concluindo: "Aquilo é poesia, não tem a menor dúvida". A última frase passou despercebida a Alphonsus, que rebateu em tom duro:

> Sua atitude [a de Bandeira] se parece com a de certos passadistas que, na gata- parida das letras, não querem ceder nem uma beiradinha para os que vêm vindo [...] se o poeta Manuel Bandeira gosta de criticar, exibindo ruindades, porque deixou passar "jorobabel" e outras quando falou de Losango Caqui de Mário de Andrade, que, aliás, muito admiro e estimo. Ora

por quê! Com Mário o caso é outro. Mostra apenas o que é bom. Tem motivos para elogio puxado.[34]

Se subtrairmos o aspecto pessoal das acusações, o texto de Alphonsus adquire outra conotação: é claro o seu incômodo frente a uma crítica literária que pontificava valores. Para Alphonsus essa crítica só serviria para incensar obras de intelectuais já consagrados no campo das letras. Por isso, conclui-se, os novos (caso de Austen) seriam privados de reconhecimento. No terreno pessoal, Alphonsus ia mais longe, concluindo que Bandeira era "bacharel como toda a gente". Comentava que poderia imaginá-lo em atitude de superioridade, com um "risinho jemanfichista"[35] lendo a sua declaração.

Manuel Bandeira, tipo do intelectual avesso a tais valores, acabou transformando-se no alvo da polêmica.[36] Não era a obra de Amaro que estava em foco. Tal discussão ia além de uma rixa entre desafetos: envolveu disputas relativas à conformação do campo intelectual, das artes e da vida política. A definição do que era "ser moderno" e "ser brasileiro" incluía acirrada disputa interna entre os intelectuais. A invenção de uma identidade nacional pressupõe sempre um campo de memórias em disputa.[37]

O conflito entre Manuel Bandeira e João Alphonsus revelava o quanto ainda eram delicados os laços de coesão da comunidade intelectual na nacionalidade. A correspondência entre Mário de Andrade e Carlos Drummond ajuda a esclarecer o fato. O assunto os preocupava agilizando troca de cartas. O fim do episódio é registrado por Mário, que comenta aliviado ter sido resolvido o "caso Manu-Alphonsus" (BANDEIRA, 1966; cf. GUIMARÃES, 2004.)

---

[34] A polêmica foi transcrita em BANDEIRA, 1966 e GUIMARÃES, 2004.

[35] A expressão foi inventada por Alfonsus a partir da expressão em francês "Je m'en fiche", que revela desdém e pouco caso. A referência francesa não é aleatória; revelando a crítica ao cosmopolitismo, o hábito de ver o Brasil com olhos estrangeiros.

[36] A trajetória de Manuel Bandeira marca-se pela postura crítica assumida em relação ao bovarismo intelectual. Ironizava o caráter bacharelesco da cultura brasileira, que, afastando-se da vida cotidiana e das expressões populares, perdia contato com as verdadeiras raízes da brasilidade.

[37] As distintas percepções que embasaram o Modernismo mineiro estão discutidas nos trabalhos já clássicos de DIAS, 1971; 1975. Sobre os dilemas da implementação do moderno em Minas, ver o trabalho de BOMENY, 1994. Vários estudos que tematizam historicamente a instauração do moderno na capital mineira podem ser encontrados em DUTRA, 1996.

A contenda entre os críticos literários revela a ameaça que representou o episódio pondo em risco a lealdade entre os grupos. Os paulistas eram grupo de referência para os jovens escritores mineiros; Carlos Drummond, liderança mineira, os escutava. Por causa disso, Alphonsus critica os intelectuais do Sul. Mas interessava a coesão aos modernistas; sua posição não era nada confortável em termos da nacionalidade. Em meados da década de 1920, o País passava por mudanças sociais profundas e colocava-se em jogo a composição da esfera pública literária. O grupo empenhava-se na conquista da autonomia estética, buscando novas fórmulas de sociabilidade e civilidade. Na Minas Gerais provinciana a situação dos intelectuais era frágil. Comparando a cidade de Belo Horizonte com a placidez de um lago sob o qual achava-se estendida uma toalha finíssima, Carlos Drummond de Andrade observava: "nós éramos uma ruga nessa toalha serena".[38]

No episódio Bandeira-Austen-Alphonsus o acordo acabou prevalecendo. Colocando um ponto final na questão, Alfhonsus finalizava seu artigo na *Revista do Brasil*, em 15 de novembro de 1926, assegurando à Manuel Bandeira: "Disponha do meu coração".

Contribuíram para o armistício alguns esclarecimentos de Bandeira, que declarara ter guardado a obra de Amaro Austen junto aos livros de "Mário, Guilherme, Ronald, Ribeiro, Moreira, Olegário, Murilo e outros poetas que prezo".[39] Ao nomear seus autores prediletos, conscientemente ou não, Manuel Bandeira traçara uma cartografia do campo intelectual, a partir de São Paulo, Rio de Janeiro e Minas Gerais. Certamente, aos mineiros interessava compor essa tríade. Nos versos de Amaro Austen (2004), a questão da união era destacada: "A sinceridade nos leva à um mesmo rumo. Que cada um rompa o matagal com o seu machado".

Olhares distintos sobre o horizonte

A produção de qualquer texto vem marcada por instruções (implícitas ou não) aos leitores. Na sua história da leitura, Roger Chartier nos lembra que o texto jamais é um suporte neutro, pois

---

[38] A imagem está em SENNA, 1968a, p. 283-244.
[39] Ver BANDEIRA, 1966; GUIMARÃES, 2004.

traduz múltiplos processos de produção e de recepção, supondo sempre um leitor ativo. Essa densidade de sentidos nos ajuda a entender a natureza complexa do Modernismo mineiro, que agregou grupos, criou publicações e estabeleceu diálogos cujos efeitos acarretaram desdobramentos ainda pouco analisados.

Em Minas, o moderno trilhou caminhos próprios reconfigurando-se de forma bastante original a antinomia entre tradição e renovação.

Entre 1920-1925, no *Diário de Minas*, jornal ligado ao tradicional Partido Republicano Mineiro, pode-se perceber a atuação de um Modernismo nascente agregando os "novos" e tendo à frente Carlos Drummond de Andrade. Espaço de articulação dos interesses oligárquicos estaduais, a publicação também abrigara anseios renovadores.

O relativo isolamento cultural de Minas, o silêncio da imprensa sobre o evento paulista de 1922 e o fato de os modernista mineiros terem praticamente se mantido alheios ao fato foram fatores que reforçaram a tese de um Modernismo "tardio" em Minas. A diversidade das experiências sociais, a densidade temporal e os trabalhos da memória no campo da história, tornam essa tese criticável. Logo no início da década de 1920, no *Diário de Minas*, João Alphonsus, Emílio Moura, Martins de Almeida e Drummond já mostravam a cidade de Belo Horizonte sob os impactos da experiência modernizadora. Através de crônicas, poemas e crítica literária, os mineiros descortinavam as mudanças, elegendo a linguagem como seu termômetro. Sinalizando os limites da estética parnasiana acenavam para novas formas de dizer o tempo, tentando aproximações entre o Surrealismo, o Dadaísmo e o Expressionismo.

A sensibilidade *gauche* de Carlos Drummond dialoga de perto com o moderno ao valorizar a linguagem coloquial, com base no humor e na ironia. Elaborando um veio original de pensamento, combina de forma poética a visão crítica e a valorização do novo. Desconfia da reificação do mundo moderno, avaliando-a com pessimismo e melancolia. No entanto, dá como encerrado o passado tal como era.[40]

---

[40] Para uma análise sobre a liderança de Carlos Drummond de Andrade na condução do modernismo mineiro, privilegiando a sua produção literária no *Diário de Minas*, consultar CURY, 1998.

Entende que tradição para sobreviver no presente deve ser reconfigurada. Daí a necessidade de reagir contra "a pressão atmosférica do passado", prejudicial, pois implica o amor às fórmulas caducas, ao fetichismo do antigo e à supervalorização dos homens do passado. Carlos Drummond faz a sua leitura do que deve ser assimilado: "respeito discreto pela obra dos antepassados, museus, bibliotecas, uma e outra estatuazinha". Discordando das propostas iconoclastas que pediam o fim da tradição, apontava outras vias como "opor o princípio construtivo da educação".[41]

Essa foi uma das tônicas de *A Revista* (1925-1926). Reforçando os ideais da homogeneidade, buscava aplainar as arestas internas, garantindo a coesão intelectual em torno de uma suposta identidade mineira. A publicação apresentava-se como órgão político, propondo a dignidade da política através de uma obra de "saneamento da tradição" Esclarecia: "Somos tradicionalistas no bom sentido [...] se adotamos a reforma estética é justamente para multiplicar e valorizar o diminuto capital artístico que nos legaram as gerações passadas.[42]

A publicação empenhou-se na criação de um imaginário mineiro que conformaria uma das bases inspiradoras de projetos políticos nas décadas seguintes.[43] Reforçava-se o espírito clássico como garantia do equilíbrio entre razão e paixão, eternidade e momento, passado e presente, regional e universal. Inspirando-se nos pressupostos iluministas, os mineiros defendiam a razão instrumental e moderna articulando-a com as categorias do pensamento clássico. Articulado em torno de A Revista, o grupo tomava São Paulo, através da figura de Mário de Andrade, como referência matriz.

Já vimos que tais ideias não constituíram consenso, haja vista a reação de João Alphonsus quando Manuel Bandeira, para elogiar

---

[41] Tais ideias foram defendidas por Drummond no jornal *A Noite* (29/12/1925, na sessão "Mês modernista") a convite de Mário de Andrade, que organizara um suplemento reunindo as tendências do movimento. A participação nessa sessão abriu espaço para formulação de ideias importantes no debate modernista, entre elas, a instauração de uma esfera pública intelectual. Consultar, a propósito, VELLOSO, 2009.

[42] A plataforma das ideias a que se propunha *A Revista* está exposta em "Para os céticos" e "Para os espíritos criadores", agosto de 1915. Ambos podem ser encontrados em TELLES. 2005, p. 336-338.

[43] Uma análise sociológica do Modernismo em Minas reforçando seu compromisso com o conservadorismo pode ser encontrada em BOMENY, 1994.

o mineiro Austen, citara o exemplo dos rapazes de São Paulo. Alphonsus retrucara: "é banal e inútil elencar as tendências do modernismo". Diagnosticando uma situação de crise de autoridade, *A Revista* opunha o "Brasil-laboratório" e prudente ao "Brasil desorientado e neurótico". Reunindo em sua direção nomes como Carlos Drummond de Andrade, Emílio Moura, João Alphonsus e Martins de Almeida, predispunha-se a traçar os rumos da mudança, não só na esfera literária mas também no campo das artes, da política e da esfera intelectual. Salientando a necessidade premente de transformações, Emílio Moura (1925) constatava: "As coisas já não vivem no mesmo plano, iluminadas pela mesma luz do século passado. Somos outros".

O apelo à razão foi a força arregimentadora: percebia-se estar vivendo um momento decisivo da nacionalidade. Findo o regime da escravidão, instaurado o regime republicano, estancara-se aparentemente o cenário das mudanças, gerando um clima de comodismo e ceticismo. É justamente contra esse estado de espírito que se colocava o edital de *A revista*: "[...] parecia que nada havia a fazer senão cruzar os braços. Engano. Resta-nos humanizar o país".

Contrastando com a seriedade de tal proposta, a revista *Leite crioulo* (1929) apresentava-se através de crônicas satírico-humorísticas, panfletos e poemas piadas. Lançada no dia 13 de maio, a revista tomara a data da abolição da escravidão como marco fundador de outro Brasil, cuja proposta era rever os traços psicológicos da herança luso-africana. O título ressignificava um elemento identitário atribuído tradicionalmente à mineiridade, posto que a adjetivação "crioulo" desestabilizava o imaginário de uma identidade pronta, ressaltando-se o seu aspecto mestiço. O termo "leite crioulo" poderia também estar sugerindo novas agregações na tradicional composição da "política café com leite".

No imaginário da identidade nacional brasileira essa atribuição de sentidos a partir das referências regionais estava bem difundida. A letra do samba de Noel Rosa "Feitiço da vila" (1934) popularizaria definitivamente essa imagem nos versos: "São Paulo dá café, Minas dá leite, e a Vila Isabel dá samba". Nas páginas de *Leite crioulo* (1929) a ideia de progresso convive com a dimensão valorativa do rural e local. Expressando visão crítica em relação às normas civilizadoras europeias e cosmopolitas, a revista valorizava a rusticidade, a vida simples e o domínio do privado como essência da alma mineira. A culinária mineira na broa de fubá, na paçoca, no arroz-doce e no angu com quiabo era considerada uma expressão da mineiridade.

Essa vertente do Modernismo mineiro dialoga com alguns valores do regionalismo de Gilberto Freyre. A valorização da simplicidade, o apreço à fala e às paisagens locais, ao lado da crítica ao bacharelismo e ao cosmopolitismo, compõem os elos aproximativos entre esses modernismos.

Outro ponto se refere à critica das próprias bases da cultura brasileira que se estruturavam de "fora para dentro". Esse referencial externo moldando a vida cultural brasileira implicava um desastroso divórcio entre o pensamento e a esfera cotidiana. No Brasil, a própria forma de organização e concepção das casas traduziria a prioridade da atenção aos visitantes. Móveis encapados e objetos guardados só para as grandes ocasiões revelavam o descuido com a rotina. Salas que só eram abertas para as visitas deviam ser evitadas. O mesmo se pode dizer em relação aos bibelôs, as prateleirinhas, bichinhos, figurinhas que revelavam um "passado complicado". Na recomendação de que o banheiro deveria ser considerado o principal cômodo da casa brasileira, manifestava-se a crítica direta à herança afrancesada: "para nos habituarmos a lhe dar importância, devemos chamá-lo de sala e não de quarto de banho. A água deve ser abundante, as toalhas grandes e limpas".

Toda essa curiosa arquitetura é proposta em "Façamos a nossa casa", publicado na *Leite crioulo* a 7 julho de 1929. A casa torna-se *éthos* da brasilidade: casa para quem a habita e não para os que passam por ela. O princípio do uso em contraste com o da aparência, o cotidiano contra o ocasional e cerimonioso.

Em *Sobrados e mocambos* (1936) Gilberto Freyre desenvolvera crítica contundente à cultura do sobrado, mostrando que a adoção das novas maneiras civilizatórias fora incapaz de conviver com outras culturas. Essa atitude de "viver nos olhos dos outros"[44] implicaria tomar como modelo a experiência europeia, deixando de considerá-la uma contribuição entre as demais.

Embora não se aprofunde na reflexão que tende a um tom humorístico de cunho iconoclasta, corrosivo e panfletário, a *Leite*

---

[44] A análise de *Sobrados e mocambos* está em ARAÚJO, 1994.

crioulo faz avaliações críticas às bases da formação cultural brasileira. Nesse sentido, dialoga com a vertente antropofágica paulista. Aquiles Vivacqua, um dos diretores da publicação, colaborou com a *Revista Antropofágica*, dedicando poesia a Oswald de Andrade.[45] Contrastando com as cidades europeias e norte-americanas, o cenário da brasilidade integrava a natureza dos trópicos.

Diferentemente de Oswald de Andrade, que elegera o índio como matriz da brasilidade, a revista concentra-se no negro. A avaliação dessa cultura no seio da nacionalidade assume um tom paradoxal. O negro e o português, se comparados aos índios, constituem problema, pois são considerados "invasores". Critica-se a colonização portuguesa alegando ser ela responsável pela escravidão, gerando preguiça, apatia e banzo. A partir dessa perspectiva cria-se o "crioulismo", movimento cujo alvo era a crítica aos valores luso-africanos no seio da cultura brasileira.

A ideia da assimilação cultural é expressa de forma bastante ambígua. Cuida-se em explicar que não se trata de combater o negro como nos Estados Unidos, mas de traços de sua cultura. Trabalho e ação em oposição à malandragem e apatia. A questão do reconhecimento da vertente africana na cultura brasileira é apresentada como uma das metas do movimento. Mas a forma preconceituosa de abordar a questão revela o quanto ainda era problemático o ato do reconhecimento. O humor agressivo da *Leite crioulo* talvez, seja uma forma de lidar com tantas ambiguidades e preconceitos.

Esse aspecto paradoxal da publicação expressou um momento conturbado da nacionalidade. Na antevisão de uma "nova ordem", no limiar de 1930, dramatizava-se a integração conflituosa entre tradição/modernidade na rearticulação entre nacional-rural-urbano. No bojo desses conflitos, ganhou centralidade a questão etnorracial. As teses antropológicas que vinculavam raça e cultura ainda não haviam ganho espaço no campo intelectual. O próprio termo crioulismo[46] traduz simbolicamente a complexidade e a ambiguidade

---

[45] A poesia "Indiferença" foi publicada na *Revista de Antropofagia*, n. 1, maio de 1928.

[46] O termo foi cultivado pelos intelectuais rio-platenses, sobretudo argentinos e uruguaios. Esses defendiam o "gauchismo" na tentativa de salvaguardar as raízes primitivas e rurais que consideravam como base autêntica da civilização americana. No Brasil, ao longo da década de 1920, tais ideias se faziam presentes sobretudo através do Rio Grande Sul e constituíram resposta ao modernismo urbano paulista. Consultar a propósito SCHWARTZ, 1995.

de valores que presidia o movimento, fazendo-o oscilar entre o localismo, ruralismo e o industrial-urbano cosmopolita. Defendia-se o criolismo como símbolo da brasilidade, porém com a ressalva de que o movimento não deveria restringir-se ao Brasil, pois era de natureza universal. Na leitura das tradições a *Leite Crioulo* parodia a vertente antropofágica do moderno. Seu combate à cultura letrada é direcionado à herança portuguesa aos "velhos espíritos, educados nas universidades peninsulares". Imagens da terra viva, larga e circulante evocam ligações com o primitivismo, mas a perspectiva da invenção principalmente no que se refere à questão da língua é objeto de engraçada paródia:

"Je désire amar my country / My country lheno de alegria / because matei tout-a-fait / la maudite, la maudite, la maudite / tristesse do Varella / lamentation de Casimiro / diable, não sei nada, de Abreu".

Glosando a multiplicidade de referências linguístico-culturais e a inviabilidade de uma língua nacional brasileira, Acquiles Vivacqua brincava com o fato de a autoria dessa escrita poder ser atribuída tanto a ele quanto a Mário de Andrade e Raul Bopp.

Essa brasilidade mineira, via "criolismo", também possui afinidades com projetos de cunho racionalista-iluminista. A ideia do negro como ser dotado de natureza boa mas carente de civilização já que suas raízes culturais o tornavam "tristonho, cabisbaixo, molenga" possibilita pensar nessa direção iluminista. A proposta de se avaliar a herança afro-lusitana, frequentemente, é reduzida à um "banho de civilização". Às elites intelectuais caberia realizar o trabalho de "peneirar" e "desnatar" as influências, iluminando o caminho da brasilidade.[47] O movimento modernista brasileiro marcou-se pela intensificação na troca de ideias entre os intelectuais nos âmbitos interno e externo. Apesar de sua tradicional reserva ao cosmopolitismo, os mineiros souberam equilibrar as forças da renovação com as tradições locais.

A revista *Verde* (1927-1929) de Cataguases é um exemplo desse procedimento.[48] Os nomes de Enrique de Resende (diretor), Rosário Fusco, Ascânio Lopes, Guilhermino César Martins Mendes destacavam-se entre os que se empenharam no projeto da revista,

---

[47] Tais ideias são expostas por CÉSAR, 1929.

[48] O manifesto do grupo pode ser encontrado em TELLES, 2005, p. 349.

marcado pelo ecletismo dos ideais e das colaborações. O diálogo dos jovens mineiros com os intelectuais do Rio de Janeiro, de Belo Horizonte, de Juiz de Fora, e de São Paulo foi intenso chegando a extrapolar as fronteiras nacionais para alcançar alguns países da América Latina e da Europa. Revistas como *Martín Fierro, Sur, Critério e Proa* eram conhecidas do grupo que divulgou escritores uruguaios (Ildefonso Pereda e Nicolas Fusco Sansone) e argentinos (Marcos Fingereti). Blaise Cendrars compôs o poema *Du monde entier* especialmente para a revista.

O grupo dos jovens reunidos em torno da *Verde* soubera capitalizar as mudanças pelas quais passara a cidade de Cataguases com o cinema de Humberto Mauro. No ano de lançamento da revista, Mauro ganharia o maior troféu da época para o cinema com o *Tesouro perdido*. Adotando técnicas cinematográficas norte-americanas, ele atualizara a produção cultural até então sob a égide da tradição teatralizante europeia. Embora os rapazes da revista não tivessem se envolvido diretamente com o cinema de Humberto Mauro, é inegável que souberam aproveitar o clima renovador da cidade para onde afluíam artistas e técnicos do Rio de Janeiro e de outras capitais brasileiras. Por outro lado, deve-se considerar o impacto do cinema na configuração da nova estética. Mário de Andrade (1925) chamara atenção para o fato em "A escrava que não é Isaura",[49] observando que o cinema ajudara as artes plásticas a se definir. Quanto à literatura revelara o aspecto ilusório da descrição ao mostrar que "cada leitor cria pela imaginação uma paisagem sua, apenas servindo-se dos dados capitais que o escritor não esqueceu".

O grupo de Cataguases tinha diálogo direto com Mário de Andrade. Ele e Oswald de Andrade dedicaram uma poesia a quatro mãos aos jovens, denominando-os "os ases de Cataguazes". A falta de compromissos político-partidários deu uma face mais livre à publicação, que era financiada por comerciantes e industriais locais. Defendendo o caráter apartidário da revista, Rosário Fusco declarava de forma enfática "[...] esse negócio de torcida é só no futebol. Nada de política! Nada de partidos! Nada! Nada! Nada! [...] Na arte moderna a gente segue a emoção pura e espontânea de cada

---

[49] Com o subtítulo "Discurso sobre algumas tendências da poesia modernista", o texto foi publicado em *Obra imatura*. São Paulo, 1922-1925, p. 195-275.

um".[50] A efervescência de ideias reforçara o anseio de atualização do grupo que estabelecera diálogo com outros paulistas, como Alcântara Machado e Paulo Prado, interlocutores na proposta de "abrasileirar o Brasil".

Devido a uma conjuntura favorável de ideias e de influências acrescida da existência de um grupo de jovens razoavelmente independentes e dispostos a participar do processo da atualização cultural, a *Verde* destacou-se como um dos principais núcleos de ideias, alinhado-se ao debate modernista. Por ter sido a única revista do movimento, no ano de 1927, a *Verde* mobilizou os grupos anteriores e polarizou os novos que surgiam em outras partes do Brasil.[51]

Em Minas esse panorama diversificado de ideias mostra como os intelectuais se empenharam no processo da atualização cultural, buscando adequar o corpo sólido de tradições regionais aos experimentos da modernidade. A recriação e a reinvenção dos códigos linguísticos foi um traço de compatibilidade entre essas distintas ordens. Reagindo contra a concepção hierárquica dos temas, sentimentos e expressões literárias o "poema-piada" criara a prosa viva e espontânea, pontilhada de ironia, humor e anedota. Fazendo um balanço da literatura modernista, e usando expressões da antiga retórica, Sérgio Buarque de Holanda, atribui à poética de Carlos Drummond de Andrade o papel de *sermo sublimis*, pois conseguira misturar democraticamente a ideia do sublime à simplicidade do *sermo humili*.[52] Tal combinatória empresta uma configuração bastante singular ao modernismo brasileiro.

Por esse viés, podemos perceber um diálogo implícito entre as vozes de Gilberto Freyre, Mário de Andrade e Carlos Drummond de Andrade De formas distintas destacaram a fraternidade, a simplicidade e a cotidianidade como valores presentes na brasilidade.

Mas é no Rio de Janeiro que essa visão do moderno ganha traços marcantes e inconfundíveis.

---

[50] *Verde*, n. 1, Cataguases, setembro de 1924, p. 10.

[51] Sobre a revista *Verde* e os intelectuais que a compuseram, consultar ÁVILA, 1975; CÉSAR, 1978. Comentários, referências bibliográficas sobre a atuação do grupo, seguido-se da transcrição do sumário dos fascículos da *Verde*, estão em DOYLE, 1979. Consultar também LARA, 1978

[52] O artigo publicado no *Diário carioca* em 26/11/1950 está no Arquivo Carlos Drummond de Andrade (pasta de recortes), AMLB/Fundação Casa de Rui Barbosa.

Sensibilidades modernistas e vida cotidiana

Em lúcido ensaio escrito em 1903, Georg Simmel (1976) revelava os limites de uma cultura que, centrada no intelecto e na lógica mostrava-se pouco permeável à integração das individualidades e particularidades humanas. No Brasil, tais ideias encontraram eco, sobretudo, entre aqueles intelectuais que buscavam articular a discussão do moderno à vida mental, às subjetividades e às culturas populares, entre os quais se destacam Sérgio Buarque de Holanda e Prudente de Moraes. A experiência do Rio de Janeiro integra outras vias de reflexão sobre a instauração do moderno. Desvinculando-se do pressuposto que o associa a organizações formais e à ação das vanguardas, o movimento pode ser enfocado com base nas sociabilidades e nos espaços cotidianos expressos através de personagens que transitavam pelas ruas da capital. Nas revistas semanais de grande circulação, o historiador encontra sinais expressivos dessa cotidianidade expressa em modos de ser, de fazer, de falar, de participar e de reelaborar valores e conceitos. Fonte expressiva, as revistas possibilitam ao historiador ir além dos documentos judiciais, sempre tomados como lugar da fala do popular, dado o seu histórico de exclusão social. Durante muito tempo, o tema da cultura de massas foi estigmatizado como objeto de análise dada a leitura dos teóricos da Escola de Frankfurt que o consideravam alienante e uniformizante. A partir da década de 1990, a história cultural revê essa questão, enfatizando o domínio da recepção, a rede de influências e os usos sociais do tempo.[53]

---

[53] Sobre o tema, ver RIOUX; SIRINELLI, 2002 e CHARLE, 2004.

Esses fatores, aliados à ação dos intermediários culturais, favoreceram outra visão da dinâmica social. A tese da circularidade cultural, formulada por Bakhtin e retomada por vários autores, exerceu influência decisiva para essa reformulação.[54] A compreensão da cultura de massa como objeto de práticas culturais e revelações de imaginários coletivos ajudou na reconstituição desse novo olhar sobre a história. Ajudando as novas populações a se posicionar no espaço urbano, familiarizando-as com os novos códigos culturais, dotando-as de uma memória dos acontecimentos, essas revistas tiveram um papel social fundamental.

No Rio de Janeiro, as revistas semanais atingiram circulação inusitada para os padrões culturais da época, atingindo os mais diversos leitores. Guarda-freios da Central do Brasil, estivadores, carroceiros, motoristas, porteiros além de semianalfabetos foram os seus "leitores" assíduos.

Alain Corbin (2000) chama a atenção para a necessidade de entender outras possibilidades de captar informações além daquelas tradicionalmente oferecidas pelo letramento. O analfabetismo necessariamente não implica embrutecimento dos indivíduos, pois pode levá-los a buscar outras estratégias de informação como o aprimoramento da observação e de certas formas de memória.[55] O certo é que o interesse pelas publicações não se restringiu ao domínio letrado e urbano. Monteiro Lobato, em *A caricatura no Brasil* (1917), observava que no interior elas também eram muito apreciadas pelos fazendeiros. Ele conta que era comum a cena de sinhozinhos e moleques, reunidos em torno do lampião de querosene, folheando as revistas e fazendo comentário de suas ilustrações.

Nessas publicações era comum a literatura de aconselhamento que integrava desde os primeiros cuidados médicos e sugestões de tratamentos higiênicos às receitas culinárias e de beleza, passando pelo consultório sentimental, moda, estética, astrologia e economia doméstica. Folhetins, charadas, jogos, piadas e até histórias em

---

[54] Várias reflexões destacaram o entrecruzamento dinâmico de práticas e valores em constante ressignificação. Consultar, entre outros, o trabalho clássico de GINZBURG, 1987. Ver também: BURKE, 1989; DE CERTEAU, 1995; 1982; CHARTIER, 1983, p. 205-210.

[55] Para compreensão da atividade da leitura como uma esfera cognitiva mais ampla, ver também GOULEMOT, 2007.

quadrinhos eram ali encontrados. Com base nesse universo multifacetado é possível ao historiador recompor linhas expressivas das culturas populares em conexão com as eruditas.[56] Monteiro Lobato, Gilberto Freyre e Álvaro Moreira demonstraram interesse por essas publicações, considerando-as fator de cultura de primordial importância. A temática da identidade brasileira também foi abordada. Nos tempos do Império, na *Revista Ilustrada*, a nacionalidade era representada pelas caricaturas de Angelo Agostini como índio forte e vigoroso. No início do século XX, essa imagem idealizada desaparece. Surge no seu lugar, o povo das ruas: o português da venda, a mulata sensual, o malandro, o capoeira, o guarda-civil, o zé povo e o Jeca Tatu. Gafieiras, quiosques, mafuás, praças e esquinas foram tema predileto nas caricaturas de Raul Pederneiras e de Kalixto. Tipos inesquecíveis seriam também as melindrosas e os almofadinhas de J. Carlos. Nas revistas semanais, tais como *Tagarela* (1902), *O Malho* (1902), *Fon-Fon* (1907), *Careta* (1907) e *D. Quixote* (1917) surgiram diferentes imaginários do Brasil. Inspiradas nas práticas urbanas cotidianas essas representações conseguem mostrar com humor e graça a ambiguidade da nacionalidade e do moderno brasileiro.

"Essa não é a República dos meus sonhos"

A cultura modernista no Rio de Janeiro é indissociável da ação do grupo dos intelectuais boêmios. Foi uma relação ambígua marcada pela adoção eufórica de valores, crítica virulenta e humor. Através de suas crônicas e caricaturas, o grupo captou o espírito das mudanças trazido pelos tempos modernos. Lima Barreto, Bastos Tigre, Emílio de Meneses e José do Patrocínio Filho e os caricaturistas de maior projeção do momento, como Raul Pederneiras, Kalixto e J. Carlos, compuseram um grupo que, durante três décadas (virada do XIX até finais de 1920) atuou em torno de revistas. Mas foi a D. Quixote (1917-1927), dirigida por Bastos Tigre, que funcionou como verdadeiro porta-voz e lugar de memória do grupo. Nessas publicações pode-se encontrar uma narrativa sobre a nacionalidade que se contrapõe à vertente oficial produzida pelos intelectuais do Instituto Histórico e

---

[56] O caráter compósito das culturas populares através das revistas foi analisado em VELLOSO, 2009.

Geográfico Brasileiro e pelo Museu Histórico Nacional. Também as expressões artísticas produzidas na Academia Brasileira de Letras e no Museu de Belas-Artes foram alvo de paródias.[57]

Desde o Império, um grupo liderado por José do Patrocínio, na direção do jornal *Cidade do Rio* (1896), vinha ocupando lugar expressivo na vida cultural carioca. Proferindo discursos apaixonados em prol dos ideais abolicionistas e republicanos, o grupo conseguira mobilizar a opinião pública.[58] Logo após a proclamação da República, no *Manifesto de apoio ao governo Provisório*, defenderam a "necessária aliança entre os homens de letras e povo". No entanto, pouco tempo depois, perceberam o fracasso dos projetos que reivindicavam uma sociedade de bases mais democráticas: "Essa não é a República dos meus sonhos". A frase de Joaquim Saldanha Marinho, senador da República de 1890/1895, transformou-se em emblema do descontentamento social nas próximas décadas.

O regime optara por um projeto de modernização tecnicista, de bases autoritárias, mostrando-se profundamente excludente. Vendo baldados seus ideais e reduzidos os espaços de atuação pública, o grupo buscou outras formas de comunicação. Compartilhando espaços cotidianos com as culturas populares, conseguiu sobreviver ocupando posição marginal na maior parte das vezes. Romances sobre a vida dos boêmios como *Fogo fátuo*, de Coelho Neto, e *Conquista* de Gonzaga Duque revelam um cotidiano partilhado em festas, habitações, feiras, bares, hospedarias e ruas. Esse convívio entre intelectuais boêmios e indivíduos ligados às camadas populares é importante porque a partir dele vão ser geradas novas experiências e novas formas de transitar pelo espaço urbano, criando-se lugares e estabelecendo-se relações sociais e interpessoais. Esse fato desencadearia tensões em função da reorganização dos sistemas de ordenamento do social. A questão não se dá, portanto, sem conflitos.

No papel de cidade-capital, o Rio de Janeiro apresentava particularidades que marcaram de forma indelével o seu processo de modernização. Existia um fosso profundo entre o Estado e o

---

[57] A trajetória desse grupo como possibilidade de reflexão do moderno brasileiro foi analisada em VELLOSO, 1996.

[58] Paula Ney destacou-se entre esses intelectuais pelas dramatizações públicas das suas ideias. Ver VELLOSO, 2006b.

conjunto da sociedade; as elites políticas mostravam-se incapazes de incorporar as camadas populares. Uma espécie de pacto não escrito regia as relações: o governo negava a participação do cidadão nos negócios públicos, em contrapartida era vetada a ingerência pública na vida doméstica.

Foi uma experiência de modernidade forjada pela exclusão social. A proposta civilizatória não se fez acompanhar da extensão das práticas democráticas. Identificadas com valores da cultura europeia, as elites negavam as origens mestiças da nacionalidade, reforçando-se os mecanismos de diferenciação.[59] É nesse quadro que se insere a atuação dos intelectuais boêmios. Parte expressiva do grupo tendeu a aliar-se às camadas populares, compartilhando sentimentos de rebeldia e exclusão. Foi nessas brechas que ocorreram intercâmbios originais favorecendo parcerias musicais, no teatro de revistas e no carnaval. Vocábulos, gírias, formas de expressão, hábitos e comportamentos foram reelaborados e passados de um grupo a outro. O fato revela o aspecto compósito da cultura brasileira capaz de agregar matrizes letradas e sonoro-auditivas.[60] A polêmica intelectual paulista sobre a denominação adequada para o movimento (futurismo ou modernismo?) foi glosada na marchinha de Noel Rosa e Lamartine Babo "*A-B-surdo*" (1930). A letra, misturando elementos de total *non sense*, ironizava a própria identificação do gênero musical "marchinha": "é futurismo menina, pois não é marchinha nem aqui nem na China".

A obra de Noel integrava-se a uma vertente do modernismo baseada na estética da simplicidade. Recorrendo ao registro do despojamento e da fragmentação, essa estética também acolheu o sério, porém matizando-o com profundo senso de humor e ironia.[61]

Bastos Tigre e Raul Pederneiras foram parceiros dos compositores mais populares da época como Sinhô, Eduardo das Neves e Paulino Sacramento. Foi expressiva a participação de intelectuais no carnaval. "Vem cá, mulata", composição de autoria de Bastos Tigre, sucesso no carnaval de 1906, transformou-se em uma das músicas

---

[59] Uma análise do caráter excludente da modernidade pode ser encontrada nas obras de CARVALHO, 1987; 1999.

[60] Essas ideias foram discutidas em VELLOSO, 2004.

[61] Para uma análise das ideais que inspiram a Estética da simplicidade, ver NAVES, 1998.

mais populares nas décadas seguintes, favorecendo a construção de um imaginário da brasilidade com base no entrecruzamento de olhares França/Brasil.[62] Esse diálogo se reforça com a estética da simplicidade, tendo Darius Milhaud (músico/compositor) papel importante. Milhaud fazia parte de um grupo de intelectuais franceses herdeiros das tradições musicais inovadoras de autoria de Eric Satie. Inspirados no manifesto de Jean Cocteau *Le coq et l'arlequin* (1918), enfatizavam o regate de uma tradição referenciada pelo despojamento em contraposição às tradições alemãs e russas, que preferiam a eloquência e a grandiosidade (cf. NAVES, 1998, p. 78). Em fevereiro de 1917, Darius Milhaud chega para uma temporada no Rio. Interessado pelos ritmos brasileiros de origem africana ele constrói extensa rede de sociabilidade com os músicos e os artistas brasileiros. Em meados da década de 1920, Gilberto Freyre esteve no Rio de Janeiro para conhecer a chamada música "afro-brasileira", sendo apresentado à Pixinguinha, Donga e Patrício Teixeira em reuniões providenciadas por Prudente de Moraes Netto e Sérgio Buarque de Holanda. Essa comunicação entre diferentes segmentos sociais, não importa seu caráter fortuito, é uma das características da cultura do Modernismo no Rio de Janeiro.

Como cidade-capital, o Rio reunia tradições e práticas artísticas extremamente diversificadas. Apesar da política excludente das elites, alguns intelectuais foram particularmente atraídos pelas tradições populares. Já havia nessa direção um olhar europeu, constituído com base no viés primitivista identificado como uma das fontes inspiradoras do moderno. Integrar e recriar essas tradições foi trabalho a que se propuseram alguns intelectuais.

A cidade do Rio de Janeiro convivia com o cosmopolitismo. Ao mesmo tempo que absorvia as diversidades regionais dos outros estados, funcionava como poderoso polo irradiador de culturas. Se o oficialismo da vida cultural favorecia o hábito de "viver nos olhos dos outros" tal hábito não se mostrou impermeável às influências oriundas, por exemplo, das culturas africanas. As crônicas bastante conhecidas

---

[62] Ao longo da década de 1910 começa a ser construído na imprensa um imaginário da nacionalidade, que expõe algumas ideias próximas da estética da simplicidade, sobretudo, a espontaneidade e a criatividade. Ver VELLOSO, 2008.

de João do Rio, de Lima Barreto e de Benjamin Costallat e outras nem tanto como as do cronista carnavalesco Vagalume (do *Jornal do Brasil*) ou do compositor Orestes Barbosa oferecem um panorama vivo dessa trama de culturas. Mostrando como se efetivou a partilha das tradições na vida cotidiana e as reapropriações de que foram alvo, essa literatura mapeia os novos códigos, as práticas e os espaços nas suas relações com a modernidade Na música destacavam-se as composições de Ernesto Nazareth, Sinhô e Pixinguinha; na pintura os temas inovadores de Belmiro de Almeida, Batista da Costa e Timóteo da Costa. A presença do crítico de artes Gonzaga Duque foi marcante nesse momento, criando novas articulações para o entendimento do moderno.

Pintor do eterno e das circunstâncias:
a obra do caricaturista

Em *Os contemporâneos* (1891), Gonzaga Duque dedicou atenção especial aos caricaturistas. Naquela época, a caricatura era vista como uma "arte menor," que não estava integrada ao campo da crítica visual.

Baudelaire percebera a questão ao defender a existência de uma relação não hierárquica entre as diversas artes como a pintura, o desenho e a música. Considerava que uma "mútua iluminação das artes" assegurava aos sistemas artísticos autonomia e juízos de valor. Como crítico de arte, destacara a caricatura como linguagem da modernidade, dada sua capacidade comunicativa e forma plástica de natureza extremamente expressiva. A sintonia entre o caricaturista e a cultura da modernidade poderia ser notada, segundo Baudelaire, por causa da natureza múltipla do caricaturista. Na sua arte ele seria capaz de agregar as figuras do observador, do flâneur e do filósofo. O caricaturista seria o "pintor das circunstâncias" e de tudo que se configurava como eterno.[63]

Denominando os caricaturistas de "humoristas da imagem", Gonzaga Duque observara a sua agilidade inventiva e a capacidade de reproduzir – de forma gráfica – as ideias e as fantasias da imaginação. Analisando o trabalho de Raul Pederneiras, observava: "A caricatura [...] sai-lhe espontânea, surge inesperadamente de seu

---

[63] Ver BAUDELAIRE, 2008. Os textos sobre crítica de artes foram escritos pelo autor para serem publicados em periódicos entre 1855 e 1863.

lápis, completada num jato como se a mão copiasse automaticamente o que está na visão interior do artista" (DUQUE, 1929, p. 238).

O impacto dessa estética da visualidade foi expressivo, traduzindo novos entendimentos sobre o moderno. Não só pelo poder de síntese entre ideia e expressão, a caricatura no Brasil possibilitou ampliar os canais de comunicação e de informação. Através dessas fontes iconográficas é possível obtermos um mapeamento das questões e das sensibilidades da época, percebendo como os indivíduos se posicionaram frente aos acontecimentos. É expressivo o lugar ocupado pelos caricaturistas na cultura modernista.

Denominados "ases da imprensa", eles ajudaram a organizar eventos em que se mesclavam as linguagens visuais, sonoras e gestualidades. Nos "Jornais Falados" que atraíam grande público aos teatros cariocas, os caricaturistas ocuparam lugar destacado dramatizando as notícias, esboçando o perfil dos repórteres quando não o deles próprios.

Sintonizados com as novidades e com os últimos acontecimentos, eles exerceram também o papel de críticos dos novos hábitos endossados pela moderna sociedade de consumo. Um exemplo é sua percepção frente ao fenômeno da mercantilização da cultura.

As figuras do marchand, do editor e do crítico literário afetando as formas de legitimação no campo intelectual foram alvo de desconfiança e crítica. Esse é o tema da caricatura de Storni "Aproveitamento do suco intelectual" (D. QUIXOTE, 15/8/1917). Nela, o editor aparecia como um rude taberneiro que explorava o cérebro dos intelectuais até transformá-lo em um bagaço, cujo sumo era servido ao grande público sob a forma de bebida embriagadora. Essa temática da difícil inserção intelectual na modernidade também foi abordada por Lima Barreto, José do Patrocínio Filho e Emílio de Menezes. Na escrita desses autores, o intelectual era representado de forma caricatural aparecendo como vítima de um sistema social que o excluía. Na crônica "Esplendor dos amanuenses", publicada na Gazeta de Notícias, em 1911, Lima Barreto deplorava a perda da criatividade intelectual, desperdiçada no serviço burocrático. Comparava-se aos escravos que realizavam trabalho forçado: "acorrentados à galé dos protocolos, remávamos sob o chicote da vida" José do Patrocínio Filho, lamentava a "falência do escritor" que, para sobreviver, acabava forçosamente tornando-se um amanuense, ou seja, um funcionário público ou burocrata.[64] Colocava-se em evidência as defasagens do progresso científico-tecnológico, tornando-o alvo do risível. Essa percepção irônica em relação à ciência foi recorrente no moderno brasileiro.

Na realidade há distintas tradições fundadoras da modernidade. A primeira delas fundamenta-se no ideal iluminista do conhecimento, devotando encanto às conquistas da racionalidade e da ciência. O futuro é a sua meta, e o rigor científico, a via para alcançá-la. A segunda vertente retoma fundamentos românticos de tradições civilizadoras anticapitalistas. Dissidente, antiburguesa, ela traduz o mal-estar da civilização. Os simbolistas integraram esse grupo que se posicionou de maneira cética e irônica frente aos avanços do progresso.[65] É importante entender a atuação dessa contra corrente. Basta nos reportarmos à ideia do Modernismo como um conjunto de movimentos que percorreu os séculos XIX e XX. Não se trata de uma trajetória linear apontando rumos e ideias definidos. Desde Baudelaire, a modernidade fora alvo de críticas profundas, mesclando ceticismo histórico, pessimismo e utopia.[66] A cultura brasileira retomou em grande parte esse polo dissidente. Caricaturistas e cronistas apontaram as ambiguidades do moderno, seja em atitude de dura denúncia, seja recorrendo ao viés irônico e coloquial. A exclusão social do regime, o seu aspecto autoritário, corrupto e desumano além do mal-estar intelectual destacaram-se como os temas mais discutidos.

Em *A cidade mulher* (1923), Álvaro Moreira retoma essa temática ao noticiar a morte de João do Rio. O fato de deixar vaga a sua cadeira na Academia Brasileira de Letras suscitara terrível disputa entre quatro herdeiros. Ironizando a imprensa que passara à condição de árbitro no mundo moderno, o cronista comentava: "Cada um dos quatro repetia à porta da Academia a palavra mágica "imprensa". Mas como só havia uma cadeira, três ficaram de pé".

---

[64] Ver a propósito BARBOSA, 1959; PATROCÍNIO FILHO, 1923.

[65] Sobre o tema consultar os trabalhos de LINS, 1991; 1997.

[66] Para um novo entendimento da crítica de Baudelaire ver "Indicações de leitura para o texto da modernidade: Charles Baudelaire", em OEHLER, 1999.

Era o próprio exercício da atividade intelectual que estava questão. Na crônica "A perda da aura", publicada na obra *O spleen de Paris*, Baudelaire narrava a queda da aura mítica do intelectual na modernidade. Passando em um viaduto, na tentativa de fugir de um veículo em alta velocidade, o artista levara um tombo, deixando cair a sua aura na lama. Desfeito o fator que o distinguia dos demais, transformara-se em um simples mortal. A partir desse momento, estaria disponível para a experiência de andar livremente pela cidade. Nas suas ruas podia estabelecer contato com as pessoas, fato que o habilitava [...] a integrar-se ao mundo na condição de artista. Essa percepção do artista como aventureiro, marginal, profeta visionário e homem do submundo marca vivamente a configuração do romance moderno.

A identificação dos intelectuais com a cultura das ruas será fundamental para a compreensão do modernismo no Rio de Janeiro. Manuel Bandeira, no Itinerário de Pasárgada, esclarece que não foram propriamente as ideias modernistas que deram ímpeto novo à sua obra mas as ruas, o Morro do Curvelo e o cotidiano. Em *Crônicas da Província do Brasil* (1937) resgata figuras emblemáticas que comporiam, segundo ele, a alma carioca como José do Patrocínio Filho, Kalixto, Donga e Sinhô. Esse é visto como um elo ligando os poetas, artistas e a "sociedade fina e culta" às camadas populares e à "ralé urbana".

A conceituação da arte moderna articulada às raízes populares também foi objeto de reflexão nas críticas literárias de Sérgio Buarque de Holanda e de Prudente de Moraes Netto. À frente de *Estética e Revista do Brasil* (fase carioca) ambos defenderam a necessidade de uma avaliação criteriosa dessas tradições como material para construir uma reflexão sobre a formação cultural brasileira. A crítica literária se colocou como via para se forjarem as bases da singularidade nacional. Subjetividade, simplicidade, sensibilidade, emoção, sobretudo, liberdade de pensamento e de expressão se apresentaram como traços da brasilidade a serem pesquisados.

Questionava-se, enfim, uma tradição fundamentada em parâmetros externos, tal como já o fizera Machado de Assis em "Instinto de nacionalidade". O caminho da brasilidade e do moderno impunha-se como exercício interpretativo requerendo abertura e sensibilidade social para compreensão do singular.

"Modernismo não é Escola, é um estado de espírito"
(Prudente de Moraes e Sérgio Buarque de Holanda)

As revistas modernistas literárias foram espaço de configuração das bases conceituais-filosóficas do moderno brasileiro em contraposição às revistas semanais de ampla circulação. Assumindo outra estratégia em relação ao moderno, elas enfocaram as conquistas científico-tecnológicas, buscando familiarizar os leitores com as novas coordenadas espaçotemporais.[67]

Sérgio Buarque e Prudente de Moraes estavam empenhados em uma crítica à cultura, entendendo-a como possibilidade epistemológica para uma nova visão do passado brasileiro e com esse olhar examinam as publicações literárias e as expressões artísticas. Na ocasião em que a Companhia Negra de Revistas apresentou-se no Rio, em 1926, Prudente de Moraes pondera que a música do maxixe expressava o que existia de melhor na arte brasileira, considerada "mestiça". Chama atenção nessa critica o fato de o autor fazer questão de deixar em aberto a sua compreensão da mestiçagem. Essa não seria mais a "síntese sucessiva" do português, negro e índio. É manifesta a sua desconfiança em relação ao esteticismo e à lógica racionalista, que tentavam ordenar uma realidade ainda indefinida.

Essa demanda de abertura intelectual para se pensar a cultura brasileira foi um dos pontos mais enfatizados por Prudente de Moraes Netto e Sérgio Buarque de Holanda. Na época, ambos tinham pouco mais de vinte anos. Dirigiram revistas e escreveram em parceria várias críticas literárias, porém o nome de Prudente de Moraes Netto foi praticamente apagado da memória modernista.[68]

A proposta de romper com a chave interpretativa positivista que pautara a geração de 1870 era inovadora. Criticava-se a visão que atribuía papel central aos fatores externos como meio e raça. Propondo a ruptura com as interpretações da nacionalidade, como aquelas apresentadas por Rocha Pombo e Sílvio Romero, os autores defenderam a necessidade de um olhar novo sobre as tradições. Seria

---

[67] Uma discussão sobre as distintas abordagens do moderno no campo das revistas está em VELLOSO; LINS; OLIVEIRA, 2009, p. 43-104.

[68] Para uma análise da trajetória conjunta desses intelectuais nas revistas modernistas do Rio de Janeiro ver VELLOSO, 2010.

preciso estudá-las com "espírito novo, ousado e irreverente". Os jovens passaram a limpo imagens literárias, como a de Olavo Bilac, que via o Brasil como a "flor amorosa de três raças tristes".[69] O fato de mostrar a caducidade dos parâmetros externos, valorando-se o nacionalismo como dimensão subjetiva que "está no espírito e não no ambiente das obras que cria" apontava para um redirecionamento reflexivo. Outro aspecto a ser destacado nessa genealogia do moderno brasileiro é a ênfase à perspectiva do experimento.

Discordando dos fundamentos da crítica literária brasileira e até mesmo de autores canônicos como Mário de Andrade, Sérgio Buarque de Holanda e Prudente de Moraes enfatizaram a brasilidade como obra inacabada, marcada pela mais profunda liberdade. Esse aspecto teria peso decisivo postergando a obra de construção teórica. Ambos os autores discordavam da brasilidade como construção imediata e intelectual já se apresentando pronta, segundo eles, no "cérebro dos intelectuais".

De acordo com essa visão da nacionalidade e entendendo-a como corpo inconcluso, fragmentário e em processo de deslocamento os autores se impuseram a tarefa de pensar em um novo homem e novas linguagens, capazes de expressá-lo. Sérgio Buarque anunciara que o homem brasileiro sairia da "canalha" antevista por François Rabelais como chave para pensar o americano, homem novo da Renascença, ainda sem raízes e tradições assentadas. Resgatando o termo de Rabelais, na década de 1920, Sérgio Buarque reforçava o papel diretor das camadas populares como veículo de culturas nos quais buscariam inspiração as elites. Retomava-se uma questão central: a incorporação do popular como fundamento da moderna arte brasileira. Neste intuito os críticos elegeram o homem das ruas, no caso o personagem Miramar,[70] como referência da brasilidade.

Na genealogia do moderno brasileiro, os dois autores Holanda e Moraes Netto recorrem à interpretações que priorizavam novas lógicas civilizacionais ainda sem tradições definidas. A vivência limiar

---

[69] A crítica, dirigida à obra recém-publicada de Ronald de Carvalho, *Estudos brasileiros*, foi publicada em *Estética*, jan/março de 1925. Rio de Janeiro: Genasa, Ed. fac-símile, 1974, p. 215-18.

[70] Essas ideias estão expostas na crítica literária dos autores à obra de Oswald de Andrade *Memórias sentimentais de João Miramar*, publicada em *Estética*, jan./mar. 1925. Rio de Janeiro: Genasa, Ed fac-símile, 1974. p. 218- 222.

entre o universo da ordem e da desordem, do legal e do marginal e a superposição do privado e do público, fenômenos particularmente acentuados na capital federal, podem tê-los sensibilizado a historicizar modos de ser do nacional.

É importante chamar a atenção para a singularidade da posição de Sérgio Buarque de Holanda e Prudente de Moraes Netto no interior do debate modernista. Nos meus trabalhos venho enfatizando o aspecto da discordância intramodernista. O propósito tem sido mostrar que a historiografia, ao se restringir à análise das grandes cisões ideológicas entre os grupos, acabou não avaliando devidamente as dissensões internas do movimento. Perdeu-se em parte a dinâmica do debate. A demanda de uma teoria da brasilidade é apresentada como consenso entre os intelectuais modernistas. O que é verdade. Todos estavam voltados para a singularidade brasileira buscando entendê-la na articulação do conjunto civilizatório. Mas o tempo considerado hábil para construir esse pensar não foi uma questão unânime.[71]

A atuação dessa dupla intelectual, abrindo outras possibilidades para se pensar o moderno brasileiro, deve ser levada em conta. Se suas ideias não foram retomadas e desenvolvidas e se não adquiriram apuro teórico, interessa retomar a panorâmica do campo intelectual da época, para ver como a coisa se processou. Essa questão importa no sentido trazer outras percepções e sensibilidades. Entre as fontes disponíveis para esse reexame, chamo a atenção para uma entrevista dos autores concedida ao jornal *Correio da Manhã*, em 19/06/1925.

Declarando que o "Modernismo não é Escola; é um estado de espírito", ambos reforçavam posição crítica frente ao movimento. Essa ideia já estava presente na tradição cultural no Rio de Janeiro. Em 1908, Gonzaga Duque, refletindo sobre o desenvolvimento das artes plásticas no Brasil, enfatizou a necessidade de se tomar como referência o curso da vida social. Em discurso proferido na abertura da Exposição Nacional, no Rio de Janeiro, afirmou: "A arte de um povo não resulta da vontade de um grupo nem na tentativa de uma escola" (DUQUE, 1929).

A revista *Estética* propunha-se a fazer uma autocrítica do movimento modernista. Ambos, em diálogo epistolar com Mário

---

[71] O aspecto do embate interno no Modernismo foi discutido em VELLOSO, 2010.

de Andrade,[72] avaliavam o momento de forma crítica, entendendo que as mudanças formais já haviam sido conquistadas. O momento impunha um outro foco: interior e íntimo. Era a dimensão transformadora da tradição que estava em questão. As ideias do Modernismo em parte já teriam sido assimiladas e estavam em vias de se transformar em tradições. Mário de Andrade percebe a acuidade da observação dos jovens, considerando decisiva a sua contribuição para o debate:

> [...] quando vocês dizem que o modernismo é um estado de espírito e não uma escola, uma orientação estética, acho que descobriram a pólvora. Está certo. E agora que a gente pode perceber bem por que muito modernismo é passadista e muito passadismo é moderno. Hei-de me aproveitar da frase de vocês quando puder (KOIFFMAN, 1985, p. 60-61).

Talvez a descoberta da pólvora fosse uma ironia, mas o raciocínio a seguir não é. Mário destaca a mutabilidade de sentidos entre os termos "modernista" e "moderno" no contexto da brasilidade. Constata que a revista *Estética* é "mais moderna do que modernista" E autoavalia-se: "[...] Eu por mim não sou mais modernista, sou moderno. É a minha maior conquista de mim" (KOIFFMAN, 1985, p. 107).

Afinal, nesse momento, o que significava ser moderno?

Não existia exatamente um consenso. A questão de uma dissidência interna no campo intelectual fora levantada por Sérgio Buarque de Holanda no artigo "O lado oposto e os outros lados", publicado na *Revista do Brasil*, em 15/10/1926. Esforçando-se para definir a situação intelectual daquele momento, Sérgio Buarque apontara, no interior do grupo considerado inovador, duas vias interpretativas: a construção e experimento.

Resumindo a questão, pode-se dizer que a proposta de sistematização e organização de um pensar nacional foi elaborada conceitualmente por Mário de Andrade, visando o ideal da construção. Sérgio Buarque de Holanda nomeava os intelectuais que considerava como ponto de resistência contra a proposta construtivista. Oswald

---

[72] As cartas como espaço de formulação do debate modernista em conexão com o afeto e as sociabilidades foram trabalhadas em VELLOSO, 2009.

de Andrade aparecia em primeiro lugar, seguido por Prudente de Moraes Netto, Couto de Barros, Antônio de Alcântara Machado, Manuel Bandeira, Ribeiro Couto e ele próprio. Tais intelectuais representariam o "lado oposto": os que teriam assumido a "contramão da ordem".

O artigo de Sérgio Buarque desencadeou intensa polêmica intelectual: gera cartas, críticas literárias, entrevistas. Pouco depois, Sérgio Buarque de Holanda viajou para o interior do Espírito Santo de onde só voltou para embarcar para a Europa, onde ficaria uma temporada. Falta um trabalho mais apurado sobre o jovem Sérgio, talvez se possa a partir daí obter outras informações que possibilitem enriquecer a genealogia do moderno brasileiro. O fato de a perspectiva do experimento ter sido passageira não elimina suas impressões na formulação e escolha do moderno brasileiro.

A instauração do Modernismo compreende um longo trajeto feito de avanços e recuos, lampejos inovadores e gestos de contenção, ação laboriosa de leitura das tradições e adesões apaixonadas. Desde a virada do século XIX, no conjunto da produção artístico-literária nacional, são claros os "sinais de modernidade".[73] Ao questionarmos a memória canônica, a visão hierárquica das artes e dos saberes, entendendo que cada um deles forja juízos de valores específicos contribuindo de formas, também específicas, para a constituição do moderno, abrimos novas possibilidades para pensar a vida social.

A partir dessa trama complexa de valores e sensibilidades que envolve diferentes formas de acolher o moderno o historiador conseguirá extrair os sentidos e as indagações da história.

Algumas vezes, o jovem Sérgio Buarque de Holanda não escondeu a sua perplexidade frente aos desafios do moderno. O destino do intelectual no futuro lhe soava como verdadeira incógnita. Criticava o intelectualismo do século passado, mas não aderia ao intuicionismo bergsoniano, como grande parte de sua geração o fizera. Tais ideias foram expostas em uma crítica à obra de Rubem Borba de Moraes.

---

[73] Referência ao modelo cognitivo indiciário sugerido por Carlo Ginzsburg. Destacando a relevância dos indícios, pistas e sinais na pesquisa histórica, o autor observou a adequação de tal modelo às ciências humanas englobando a psicanálise, criminologia e historiografia. Ver GINZSBURG, 1990.

Holanda a concluía com uma indagação: "É possível que aos nossos contemporâneos não seja dado resolver a questão da inteligência [...] E talvez só o século XXI dará ou não razão aos partidários da tese do Sr. Rubens de Moraes. E quem sabe só então teremos um domingo dos séculos?[74]

---

[74] *Domingo dos séculos* era o título do livro de Rubens Borba de Moraes comentado por Sérgio Buarque de Holanda em *Estética*, jan/março de 1925. Rio de Janeiro: Genasa; Ed Fac-símile, 1974, p. 222-224.

CAPÍTULO III

Modernistas, apolíneos, dionisíacos

Com o fim da Primeira Guerra, retomava-se o diálogo entre o Brasil e a Europa. O Brasil passara a ser visto como verdadeiro laboratório de culturas, propiciando experiências plurais e contraditórias. Essa vivência de temporalidades múltiplas dada pela sensação de pertencer a várias culturas foi percebida por Mário de Andrade que, na *Paulicéia desvairada*, declarava : "Sou um tupi tangendo um alaúde" (ANDRADE, 1987, p. 83). A bricolagem unindo o nativo ao europeu expressava essa consciência.

Ao longo da década de 1920, as denominadas viagens de "descobertas do Brasil" se processaram em mão dupla: europeus buscavam inspiração no nosso folclore, literatura e música popular, enquanto brasileiros se envolviam no trabalho de resgate das próprias raízes em contato com as referências europeias, resultando em rico entrecruzamento cultural. Na vasta galeria desses descobridores destacava-se o nome de Blaise Cendrars, que era representante da moderna literatura francesa e expressava uma sintonia muito particular com o espírito da modernidade.

Um dos traços da sensibilidade modernista era a disponibilidade do indivíduo para o deslocamento geográfico intrinsecamente conectado à atividade do conhecimento. O hábito da viagem, tema constante da escrita de Blaise Cendrars, incutiu-lhe uma mentalidade internacionalista, cosmopolita e predisposta a agregar valores e experiências, fato que possibilitou um diálogo extremamente rico com os nossos modernistas. As impressões da viagem do poeta pelo Rio de Janeiro, São Paulo e Minas foram registradas no livro Feuilles de route, cuja linguagem inovadora exerceu forte influência sobre os nosso modernistas.[75] Sua escrita invocava o épico e o lírico conjugando-os

---

[75] Consultar, a propósito, EULÁLIO, 2001; AMARAL, 1997.

com aspectos da vida moderna no que tinha de mais novo e chocante. Cendrars era um "possuído da vida moderna", lembra Manuel Bandeira em depoimento ao *Jornal do Brasil*, de 25/01/1961.

Essa percepção do moderno brasileiro a partir dos olhares entrecruzados França/ Brasil possibilita o redimensionamento da ação das vanguardas europeias. A influência não se processou de forma linear e controladora. Houve um trabalho de releitura seletiva em relação ao acervo das tradições e dos valores europeus, privilegiando determinados aspectos relativos ao contexto político-cultural brasileiro. No processo de atualização cultural, em que se envolveram os modernistas brasileiros tendo Blaise Cendras como uma das referências, o exercício da liberdade criadora foi um fato. A questão é entender o modo como os intelectuais processaram as informações que estavam assimilando do moderno contexto europeu. Como as integraram e as atualizaram? Como, enfim, foi construído o diálogo entre as tradições do passado nacional e regional com a modernidade e o universal? A resposta a essas questões gerou diferentes imaginários da brasilidade.

O fato revela o caráter profundamente heterogêneo do Modernismo paulista, produzindo distintas leituras sobre a nacionalidade. Num primeiro momento, o que estava em questão era a atualização da nossa cultura. No *Manifesto da Poesia Pau-Brasil*, Oswald de Andrade (1972, p. 9) foi taxativo: "O trabalho da geração futurista foi ciclópico: acertar o relógio império da literatura nacional". Era unânime a atualização da vida cultural brasileira.

A partir de 1924, impôs-se uma outra questão: a pesquisa da brasilidade. O ingresso do País na modernidade deixava de ser pensado como algo imediato. Foi necessário considerar as mediações que iriam assegurar essa passagem. A busca desse entendimento implicou o desenvolvimento de uma reflexão profunda sobre o sentido do passado brasileiro.[76]

Esse foi um dos pontos de divergência entre os modernistas: a articulação entre tradição e modernidade.

Essa articulação, feita pelo conjunto dos modernistas brasileiros, prestou-se às mais distintas interpretações, cujos desdobramentos

---

[76] A delimitação do debate modernista a partir dessas duas etapas de desenvolvimento está discutida em MORAES, 1988.

podem ser vistos nos acontecimentos políticos e culturais das décadas seguintes. Entre eles destacam-se a Revolução de 1930, o regionalismo literário, a Revolução Constitucionalista de 1932, o Movimento Comunista de 1935, o regime autoritário do Estado Novo (1937-1945), o período de redemocratização de 1945, o movimento da bossa nova e do cinema novo, desaguando na tropicália do final de 1960 para 1970.

Ao longo da década de 1920, os modernistas paulistas se empenharam na criação de narrativas destinadas a fundamentar uma "comunidade imaginada", na acertada expressão de Benedict Anderson (1989). Se é certo que uma Nação nasce de um postulado e de uma invenção, ela não vive senão pela adesão coletiva a essa ficção (cf. ROEKENS, 2006). Criar tradições que propiciassem o sentimento de pertencer a um passado comum foi o que fizeram, de distintas formas, o grupo verde-amarelo, o antropofágico e os intelectuais que se identificavam com as ideias de Mário de Andrade.

Cassiano Ricardo, Plínio Salgado, Menotti Del Picchia e Cândido Motta Filho, compuseram o grupo verde-amarelo, vertente conservadora do movimento. Entendia-se que a nacionalidade era composta a partir de um retorno mítico ao passado. Esse retorno vai se dar a partir de uma visão estática da tradição, já que o passado coexiste com o presente. Não se trata de uma concepção linear do tempo: passado e presente não são pensados como etapas sucessivas. Essa percepção da história que privilegia o espacial sobre o temporal constitui em uma das características centrais do pensamento conservador, de acordo com Manheim (1981).

O livro de poemas de Cassiano Ricardo *Martim Cererê* (1926) narra as aventuras de um herói bandeirante, desbravador dos sertões, que sai em viagem pelo Brasil. A chave de leitura da brasilidade é dada pela geografia. O poeta integra uma corrente de pensamento para a qual a geografia moldava a história, alterando o seu curso de maneira decisiva. Inspirando-se na tradicional teoria dos dois Brasis – o legal (litoral) e o real (interior) – os verde-amarelos identificaram o interior com a brasilidade e autenticidade, em contraposição ao litoral, visto como cosmopolita e artifícial.

Ao privilegiar o critério espacial como avaliador da nacionalidade brasileira, o grupo atribuiu o esgotamento do modelo civilizatório europeu à ingerência do fator tempo. Plínio Salgado, em Geografia sentimental observava que "A Pátria, nos outros países, é uma coisa feita de tempo; aqui é toda espaço. Quinhentos anos quase não é passado para uma nação".[77] Recorrendo a uma narrativa poético-metafórica, Cassiano Ricardo no poema "Canção geográfica", de *Martim Cererê*, reforçava a visão do interior como espaço fundacional da brasilidade. Protagonizando tais ideias, dizia o bandeirante:

> O que procuro é terra firme
> Pois nasci junto da serra
> De costas voltadas para o mar [...]
> A estar chorando de saudade portuguesa
> Prefiro varar o sertão
> Que é o meu destino singular.
> [...]
> Minha esposa é terra firme
> As sereias estão no mar.[78]

Ruralismo, defesa do pragmatismo, do espírito empreendedor e do trabalho mesclaram-se em uma narrativa mítica da brasilidade modernista. Desde meados da década de 1910, os verde-amarelos vinham publicando crônicas no Correio Paulistano, jornal que agregava os intelectuais do PRP. Eram comuns as críticas ao romantismo como estado de espírito inadequado aos tempos modernos. Em "O último romântico (*Correio Paulistano*, 27/08/1921), Menotti Del Picchia deplora o caráter anacrônico de um suicídio amoroso. Quando o amor passa a ser uma operação financeira, há que ser prático. Na era industrial, impunha-se o sacrifício do lirismo e da contemplação substituindo-os pelo "patriotismo prático".

Essa visão de um fato cotidiano e corriqueiro teria implicações políticas, como veremos mais adiante.

---

[77] O artigo foi escrito no *Correio Paulistano* em 10 de novembro de 1927, sendo depois integrado ao livro que recebeu o mesmo título em 1937.

[78] A relação da ideologia do grupo verde-amarelo com uma das vertentes ideológicas do regime do Estado Novo foi analisada em VELLOSO, 1983. Hoje há uma vertente de trabalhos, no campo da história social das ideias, que vem se dedicando à releitura da obra de Plínio Salgado, no intuito de analisar as apropriações e as ressignificações do autor referentes ao moderno brasileiro.

"Kodaquizando" o progresso

Ao longo da década de 1920, os modernistas paulistas, apesar de nuances diferenciadas, comungavam na leitura do moderno, entendendo-o na vinculação com a ordem urbano-industrial. A percepção da capital paulista como núcleo da modernidade e da brasilidade marcava fortemente as narrativas paulistas.

No início do século XX surgia na capital uma verdadeira constelação de revistas "kodaquizando" o progresso científico, tecnológico e urbano. Em 1905 é lançada a revista A cidade de São Paulo semanário republicano e científico, que desencadeou uma rede de publicações em que o nome da cidade era associado à referência do moderno: Álbum Paulista (1904), São Paulo Magazine (1906), Semana Paulista (1910), O paulista (1915). Ilustração de São Paulo (1916), São Paulo Ilustrado (1919), Terra paulista (1920), Gente da terra, imigrantes, visitantes, businessmen e turistas eram mostrados como personagens que acorriam à metrópole ajudando a compor o seu cenário. O panorama urbano impusera paisagens em movimento onde "casas se afastavam respeitosamente para ruas passarem", "prédios se acotovelavam", letreiros luminosos exibiam o novo: "Chevrolet, Lança-perfume Pierrot, Cruzwaldina, sabonete Gessy".[79]

Em um artigo publicado em 31/05/1920, na revista *Papel e Tinta*, Oswald de Andrade e Menotti compartilhavam uma visão eufórica do êxodo rural em direção à capital vista como "centro febricitante do progresso e de riquezas", recortado pelas estradas de ferro e de rodagem.

Olhares mais críticos partiram de revistas como *O Pirralho* (1911), que discordava da forma como estava sendo conduzido o progresso, reclamando-se dos desmandos do poder.[80]

Em 1922 Mário de Andrade escreve *Paulicéia desvairada*, e Oswald de Andrade publica *Os condenados*, cujo desenho da capa foi de autoria de Anita Malfatti. Tematizando as mudanças

---

[79] Ver Alcântara Machado citado por MACHADO, 1970.
[80] Para um panorama das revistas paulistas ver MARTINS, 2001. Sobre a vida cultural na cidade, ver SEVCENKO, 1992.

acarretadas pelo processo de urbanização ambos revelavam sentimentos de perplexidade frente a uma paisagem que lhes fugia ao controle:

> Asfaltos. Vastos, altos repuxos de poeira
> sob o arlequinal do céu oiro-rosa-verde...
> As sujidades implexas do urbanismo.
> [...]
> passa galhardo um filho de imigrante,
> loiramente domando um automóvel!
> (ANDRADE, 1922. p 77)

A primeira revista do movimento modernista paulista, *Klaxon* (1922-1923), posicionava-se ao lado da atualidade, do progresso, da técnica, da ciência e da racionalidade. Porém, não era essa paisagem iluminada e translúcida do moderno que aparecia no "Prefácio interessantíssimo", de Mário de Andrade (1995a, p. 125), ao problematizar a escrita moderna:

> Escrever arte moderna não significa jamais:
> Para mim representar a vida atual no que tem
> De exterior: automóveis, cinema, asfalto. Si
> Estas palavras frequentam-me o livro não é
> Porque pense com elas escrever moderno, mas
> Porque sendo o meu livro moderno, elas têm nele
> Sua razão de ser.

Um dos diferenciais de Mário de Andrade em relação aos seus pares era a perspectiva cuidadosa que assumira em relação às conquistas do moderno. O olhar crítico frente aos parâmetros exteriores marcava o compromisso com o exercício interpretativo da brasilidade tal como fizeram Machado de Assis, Sérgio Buarque de Holanda e Prudente de Moraes Netto. Assim como Machado evitou uma atitude de culto à natureza, Mário evitava cultuar o moderno. O moderno não era visto como mera paisagem tecnológica e cinematográfica indicando progresso, embora tal paisagem fizesse parte do moderno. Tais elementos atuaram sobre o autor inspirando-o a acrescentar sentidos ao termo na perspectiva de compor suas representações. O moderno era construção, interpretação, conceituação.

A obra do artesão

No "Prefácio interessantíssimo" Mário dialogava com Vicente Huidobro defendendo o poeta como criador consciente do seu texto no trabalho de deformar ideias em busca das sínteses culturais.[81] Já vimos que o movimento modernista brasileiro abrigou um duplo processo: a atualização cultural, seguida do compromisso interpretativo com as tradições. A partir de 1924, o movimento passaria por uma "crise de participação" impondo-se a urgência de diferenciação no cenário internacional, com base na formação cultural (MORAES, 1988). Mário participou intensamente desse processo, afirmando-se como um dos teóricos do movimento. Seu conceito de "tradições móveis" funcionou como um dos fios condutores desse processo reflexivo no qual articulava e fazia dialogarem entre si as distintas temporalidades do passado, presente e futuro. Entendia que as diferentes manifestações da cultura e do folclore brasileiros interessavam quando eram capazes de expressar o sentimento popular de contemporaneidade, prestando-se a uma leitura do futuro.

Na sua *Pequena história da música*, foi taxativo: "A pesquisa do caráter nacional só é justificável nos países novos, que nem o nosso, ainda não possuindo na tradição de séculos, de feitos, de heróis, uma constância psicológica inata" (ANDRADE, 1980, p. 195). Essa ideia foi extremamente importante fixando de forma clara a natureza do modernismo brasileiro. Diferentemente dos países europeus, cuja tradição já era multissecular, no Brasil, as tradições precisavam ser inventariadas. Com base em um projeto lítero-musical Mário buscou reconstruir o universo simbólico e as lógicas sociais que compunham o universo das camadas populares no intuito de identificar as suas tradições em conexão com o presente.[82]

Reunindo elementos da sua pesquisa etnográfica e recorrendo a uma narrativa ficcional, o autor conseguiu produzir uma síntese espaçotemporal da brasilidade. Em *Macunaíma, o herói sem nenhum caráter* (1928), expusera os espaços múltiplos da brasilidade, fazendo confluir o universo rural e urbano, os traços das culturas populares

---
[81] Sobre o tema, ver ANTELO, 1979a.
[82] A propósito do projeto musical de Mário de Andrade, consultar TRAVASSOS, 1977.

e as visões eruditas. Explicava que seu personagem protagonizava um país inacabado. É um herói sem caráter, argumentara, em prefácio inédito à primeira edição da obra, porque "ainda não possui nem civilização própria nem consciência tradicional". Mas seria justamente essa falta de caráter psicológico que levaria o brasileiro a improvisar a sua existência, tornando-a carente de moral. Daí a nossa "gatunagem sem esperteza, o desapreço à cultura verdadeira, o improviso, a falta de senso étnico nas famílias" (ANDRADE, 1995b, p. 550-552).

Na obra Mário criava outra categoria de fundamental importância para a compreensão da temática da brasilidade: a "teoria da desgeografização". O autor a compreendia como processo através do qual se descobre – além das diferenças regionais que comporta uma nação – uma unidade subjacente relativa à sua identidade. Desgeografizar o País significava superar as diferenças regionais, tentando uma apreensão conjunta da nacionalidade (MORAES, 1983).

Em *Macunaíma* há uma passagem expressiva a esse respeito. Mário de Andrade faz o seu personagem sobrevoar o mapa do Brasil nas asas de um "tuiuiú aeroplano", que era uma mistura de pássaro e de avião. Do alto, vislumbrava-se o País: rios, florestas, mares e montanhas. Era esse o olhar que Mário queria integrado à visão modernista: a eliminação das partes em favor do conjunto. Considerava ser essa a forma adequada para o Brasil se apresentar no cenário internacional. Lá a representação da "parte brasilidade" deveria contemplar a totalidade indivisa, coesa e unitária.

Essa posição, como vimos, não era consenso no debate modernista. A polêmica foi intensa gerando adesões e oposições. O combate ao regionalismo paulista apareceu nas discussões com Guilherme de Almeida e Sérgio Milliet, ponderando Mário a necessidade de abandonar uma visão que fazia do País um "vasto hospital amarelão de regionalismo" e de "bairrismo histórico". O grupo verde-amarelo, liderado por Plínio Salgado, publicara, em 1927, a antologia *O curupira e o carão*, na qual reunia textos sobre a sua concepção da estética moderna. Na obra defendia-se ardorosamente a visão regionalista da brasilidade entendendo-a como defesa necessária das fronteiras contra a invasão das ideias cosmopolitas.

Em *Macunaíma*, Mário de Andrade reforçava a leitura da brasilidade como singularidade em relação ao contexto da arte europeia.

De acordo com Telê Ancona Lopez (1976) a obra buscava criar elos com as "civilizações da luz e do calor". Valorizava-se a ideia da tropicalidade gerando formas de pensar, sentir e criar específicas de uma identidade que também agregava contradições. Nesse mapeamento das tradições, Mário reservara especial atenção à questão de uma língua nacional.[83] Em *Macunaíma* a questão é abordada de forma satírica, destacando-se a dualidade linguística como traço na formação cultural brasileira. A existência de um português escrito solene que obedecia à risca a "língua de Camões" contrastava com o brasileiro falado, que expressava a criatividade, a inventividade e a irreverência do brasileiro. Não se tratava de deslocar um saber em relação ao outro mas de torná-los compatíveis, adequando-os reciprocamente ao sistema de comunicação. Um dos desafios enfrentados pelo autor foi, justamente tentar superar o divórcio entre a cultura erudita e a realidade cotidiana.

Na "Carta prás icabiabas", Macunaíma zombava desse dualismo. Apresentava-se como verdadeiro bacharel: sério, formal, erudito. Misturava propositalmente frases de Rui Barbosa, Mário Barreto e cronistas portugueses coloniais (NEVES, 1998). Porém ao falar, o personagem mudava bruscamente de comportamento. Não poupava gírias, salamaleques, palavrões e alusões grosseiras. Os temas da linguagem, da música e do folclore atravessam toda a obra de Mário de Andrade, revelando-se nos seus distintos aspectos e configurações, através dos seus romances, poemas, tratados, ensaios, compêndios, conferências, cartas, ou crônicas.

Ao articular tradições e modernidade, Mário escolhera a temporalidade histórica como chave interpretativa. Entendia que, para elaborar a tradicionalização das culturas populares, era preciso conferir ao passado, a inteligibilidade do presente. Operação que exigia ver o passado à luz do moderno. Através de Macunaíma o autor realizou essa incursão pelos mais diferentes espaços e temporalidades, transitando do moderno ao tradicional, do urbano

---

[83] A discussão dessa temática também se faz presente no domínio privado das emoções, adquirindo novas configurações na correspondência epistolar entre Mário de Andrade e Carlos Drummond de Andrade. Ver SANTIAGO, 2002. Ver também VELLOSO, 2009.

ao rural, do profano ao sagrado, vestido de índio, negro, branco e fazendo-se vencedor e vencido. O procedimento da bricolagem foi uma hábil estratégia utilizada por Mário para dar conta de duas questões fundamentais no conjunto da sua pesquisa: a análise do fenômeno musical e o processo criador do populário.

Na montagem das peças, o artesão realiza um trabalho de triagem paciente das peças, mas ao final desconhece a figura que irá compor. Nesse sentido Gilda de Mello e Souza (1979), propõe outra leitura de *Macunaíma* mostrando-a como obra ambivalente e indeterminada, em concordância com o autor.

Mário percebia-se como um artesão, moldando uma obra de alcance nacional e coletivo Essa sensibilidade não era exatamente uma característica sua, mas marcou parte expressiva da geração entre guerras, que defendia a dimensão artesanal da arte. Acreditava-se que o artista devia dedicar-se intensamente à técnica de cada arte, que lhe daria disciplina, organização e capacidade de realizar. Era uma maneira de controlar o individualismo burguês, a interioridade e o gênio romântico,[84] fantasmas do intelectual.

A visão do moderno em grande parte foi talhada pelas mãos desse artesão laborioso, dedicado e de mente brilhante.

Contrastando com a sensibilidade de Mário de Andrade, na realidade homem de natureza mais introspectiva e autorreflexiva, Oswald de Andrade era um apaixonado, expressando as ideias em verdadeiros rompantes de criatividade e humor. Tipos de intelectuais tão diversos entre si comporiam um amálgama de tensões criadoras que se fizeram traduzir no movimento modernista paulista. A energia apolínea de Mário, seu espírito criativo e, ao mesmo tempo, normativo e o dionisíaco de Oswald embasaram uma dinâmica ímpar.[85]

Podemos entender a atuação dessas energias participativas em um contexto mais amplo e compartilhado ao retomar a genealogia do moderno brasileiro.

Já vimos que os modernistas receberam, decodificaram e comunicaram os "sinais" de modernidade de maneiras bem distintas. Esse

---

[84] A análise da trajetória de Mário de Andrade sob esse prisma está em JARDIM, 2005.

[85] Essa imagem de Mário e de Oswald era compartilhada por grande parte dos modernistas. Em entrevista concedida a Maria Zilda Ferrreira Cury em 11/10/1985, Carlos Drummond de Andrade a reforçara. Ver CURY, 1998, p.142-143

vem a ser um dos desafios enfrentados pelo historiador da cultura: trabalhar as diferenças no tempo, a enargheia (energia), segundo Carlo Ginzburg, que constitui matéria essencial na reconfiguração do passado. O conceito de sensibilidade nasce sob o signo da alteridade, sem a qual não é possível proceder a essa reconfiguração (PESAVENTO, 2007).

Um boxeur *na arena modernista*

No inicio da década de 1920, temos diferentes sensibilidades lidando com o moderno. Mário de Andrade propunha mapear as tradições populares buscando extrair o que continham de contemporaneidade. Interessava atualizá-las e adequá-las, na perspectiva de assegurar um lugar para a expressão da cultura brasileira. Tal esforço aponta em direção de uma ordem apolínea, voltada para a organização e sistematização do conhecimento, visando o coletivo.

Um dos traços críticos da cultura da modernidade foi justamente a ruptura dolorosa com a tradição e a consciência da impossibilidade de integrar-se a ela. Através da experiência estética, um grupo de intelectuais, no qual se incluía Mário de Andrade, buscava resgatar esse senso comunitário perdido. Tal posição era compartilhada por outros modernistas, como Carlos Drummond de Andrade. Evidentemente, a obra de Mário de Andrade extrapola os limites dessa sensibilidade, revelando uma luta contínua entre as forças da razão e da paixão. Toda a sua obra desdobra-se em um movimento simultâneo ditado pela busca da identidade nacional e a descoberta da própria identidade. Na correspondência com os amigos esse aspecto foi explicitado algumas vezes de forma clara. Mário avaliara a sua própria escrita a partir de um duplo impulso: um individualista e hedonista e o outro como teórico da "arte-ação".[86]

O diálogo que as vanguardas brasileiras estabeleceram com o cosmopolitismo foi de natureza extremamente complexa, considerando-se a situação de país de tradição colonizada. Foram vários os entendimentos, os caminhos trilhados e os olhares de viés seja endossando ou criticando seja duvidando ou ironizando. A polêmica sobre a própria denominação do movimento *Futurismo ou Modernismo?* foi expressiva.

---

[86] Essas questões estão em VELLOSO, 2009.

O que estava em questão não era uma mera divergência de opiniões, suscitando desafetos entre os líderes do movimento, conforme, frequentemente, enfatizou a historiografia. As discordâncias se situavam em quadro bem mais complexo remetendo ao próprio dilema das estratégias e adequações críticas frente à assimilação das influências. Sérgio Buarque de Holanda contribuiu para esclarecer a questão ao diferenciar o futurismo de Marinetti, próximo ao fascismo, daquele que vinha sendo adotado pelos nossos intelectuais. Para Buarque, o futurismo brasileiro voltava-se para a criação de uma estética poética do moderno. Mesclava desde os modemíssimos da França como Jacob, Apollinaire, Stiez, Salmon, Picabia e Tzara aos "passadistas" do porte de Marcel Proust, Romain Rollland e Barbusse (HOLANDA, 1996b, p. 132). Na realidade, o futurismo extrapola a relação com a figura de Marinetti, funcionando como um lirismo catártico, de choque conforme observa Nunes (1975).

Oswald de Andrade tem uma inserção particular nessa paisagem, trabalhando a articulação das tradições brasileiras ao moderno. As viagens à Europa, iniciadas em 1912, foram decisivas porque lhe propiciaram contato direto com as vanguardas, através das quais pôde compartilhar inquietações e amadurecer ideias em conexão com as experiências estéticas do Futurismo, do Cubismo, do Dadaísmo, do Expressionista e do Surrealismo. Ao lado de Tarsila do Amaral, Paulo Prado e Olívia Penteado viajou com Blaise Cendrars pela Europa e pelo interior do Brasil. Sofrer na pele todas essas influências foi vital para assumir responsabilidades culturais, como concluiria, mais tarde, ao fazer um balanço do Modernismo (ANDRADE, 1992, p. 120-127). Foi com base nessa experiência estética que Oswald incorporou grande parte do material para a sua reflexão, transpondo-o para o contexto cotidiano brasileiro. O desafio de elaborar uma síntese frente à dependência cultural atravessa toda a obra oswaldiana.

Tais ideias ganharam tom de urgência quando expressas no *Manifesto Pau-Brasil* (1924) e no *Manifesto Antropofágico* (1928). Inspirando-se em uma "estética de destruição", eles rompiam com uma tradição cultural centrada no livro, dessacralizando-o como "objeto de arte" e polo do saber. Através de uma "linguagem de prontidão", buscava-se expressar uma nova poética em sintonia com as demandas do mundo moderno. A proposta dessa estética partira dos futuristas italianos, retomada depois, por distintos grupos modernistas. A escrita de Oswald dialogava intensamente com tais percepções, retomando de Apollinaire a teoria da simultaneidade poética. Aplicando a arte pictórica à poesia, Apollinaire criava os seus "poemas-conversação" captando simultaneamente sons e escutas sem preocupação de estabelecer lógica entre os sentidos (ADÉMA, 1968).

De Blaise Cendras retomara a utopia mecanicista que demandava a colaboração entre engenheiros e poetas na fabricação das novas palavras (NUNES, 1975). "A prática culta da vida" devia se manifestar contra o lado doutor e bacharelesco da cultura brasileira.

Os manifestos mostraram-se inconfundíveis em um ponto: eram absolutamente modernos. Já vimos o fascínio exercido por essa palavra.

O duplo pertencimento da cultura brasileira era o tema central do *Manifesto Pau-Brasil* (ANDRADE, 1972). Recorrendo à paródia, o autor realçava a dupla natureza da obra de arte na modernidade, que no Brasil aparecia reforçada no próprio dualismo da nossa vida cultural: a floresta e a escola. Passado e presente. Esses elementos se colocavam lado a lado quando o passado continuava presente no discurso do colonizador. O *Manifesto* abria perspectivas inovadoras em relação à formação cultural brasileira ao afirmar a inteireza do presente. Valorizava-se os estados brutos da cultura coletiva, a decomposição irônico-paródica dos suportes intelectuais e o imbricamento da cultura nativa com a herança intelectual.

Outra questão, também retomada de Apppolinaire, era a invenção. Em *L'esprit nouveau et les poetes* defendia-se a necessidade de combinar de forma abrupta e chocante os múltiplos fatos cotidianos a fim de surpreender. Invenção e surpresa estariam intimamente vinculadas na poética moderna. O *Manifesto* deixava claro que só através da invenção podia-se abrir espaço para a elaboração de uma síntese da cultura brasileira. A "inocência construtiva" aparecia como traço de distinção marcando a contribuição do Brasil no cenário da modernidade. A técnica seria integrada à síntese: "O trabalho contra o detalhe naturalista – pela síntese; contra a morbidez romântica – pelo equilíbrio geômetra e pelo acabamento técnico; contra a cópia, pela invenção e pela surpresa".

No trabalho de invenção das tradições retomava-se um Brasil pré-colonial considerado força viva promovendo a articulação com mundo moderno e tecnológico. Não podemos nos esquecer do "gavião de penacho", da "contribuição milionária de todos os erros" do "bárbaro e nosso". Organizando as sensações, transformando-as em atividade reflexiva, no *Manifesto da Poesia Pau-Brasil*, Oswald trabalha com fragmentos, metáforas, imagens caleidoscópicas e frases relâmpagos. A cultura da modernidade é construída pelas informações rápidas, suscitando impactos de toda sorte. "No jornal anda todo o presente", avisa o *Manifesto*.

O autor integrava-se à uma vertente da modernidade que tomava a vivência do choque como referência. E é a partir dela que faz a sua crítica da cultura brasileira. Tal como o fizera Baudelaire, toma a figura do esgrimista como referência ajudando-o a abrir os caminhos da nova estética brasileira. No início do movimento foi necessário recorrer à violência e à força destrutiva, daí o "salto galhardo de sarcasmo" visando enfrentar o academicismo. Conclama o *Manifesto*: "Não há luta na terra de vocações acadêmicas. Só há fardas".

É preciso lutar contra tais saberes estabelecidos, enfardados. Essa atitude de combate ao statu quo exige agilidade de movimentos, presteza e precisão no golpe: "Somos *boxeurs* na arena", declarava Oswald (ANDRADE, 1992).

No *Manifesto Pau-Brasil*, a questão da atualização cultural impôs-se como linha de força. Naquele momento conscientizava-se da urgência em encontrar um ritmo e uma temporalidade próprias para a brasilidade. A noção de pertencimento em relação a uma civilização referenciada por raízes indígenas e africanas é conscientizada no fazer artístico. Refletindo sobre a sua obra, em Paris, Tarsila do Amaral escrevia:

> – Quero, na arte, ser a caipirinha de São Bernardo, brincando com bonecas do mato, como no último quadro que estou pintando. [...] Não pensem que esta tendência brasileira na arte é malvista aqui. Pelo contrário, o que se quer aqui é que cada um traga contribuição de seu próprio país.[87]

Singularidade era a senha assegurando a entrada do Brasil no cenário internacional.

---
[87] Sobre a trajetória da artista, ver AMARAL, 2003.

Para que se impusesse uma história do Brasil, era necessário proceder a uma revisão crítica das matrizes civilizacionais: "Contra as histórias do homem que começam no Cabo Finisterra. O mundo não datado. Não rubricado. Sem Napoleão. Sem César". Na realidade, esse era um desafio comum relacionando, de distintas formas, as sensibilidades modernistas. Buscava-se criar outros símbolos e lógicas agregadoras que dessem sentido de pertencimento. O humor destacou-se como uma dessas estratégicas no processo de reinvenção do nacional. Como vimos, esse trabalho de reinvenção à base da bricolagem também foi realizado pelas revistas humorísticas ilustradas no Rio de Janeiro. Nas páginas dessas publicações, notadamente, na *D. Quixote*, passado e presente se mesclavam; o passado se perpetuava nas práticas corruptas do presente. O Império e a República, na condição de personagens, quase não se distinguiam em termos de aparência. Como a diferença marcava-se sobretudo no vestuário, algumas vezes elas se distraíam e uma aparecia em público trajada com fragmentos da outra.

Na narrativa humorística da *D. Quixote* destacava-se o fato de que o Brasil não tivesse entrado para a história universal moderna até então. Isso acontecera porque o País renunciou a adotar o marco da Revolução Francesa ao fazer o seu calendário de festas cívicas. Preferira escolher uma festa de caráter mais popular: "le poison d'Avril". Em decorrência disso, toda a nossa história se transformara em jogo e farsa marcada pela comemoração do primeiro de abril.[88]

Essa ideia de outra temporalidade histórica é tematizada nas páginas da D. Quixote e nos manifestos de Oswald. A Revolução Caraíba, destronando a Revolução Francesa. É nessa terra inaugural do pau brasil e da antropofagia que Oswald lança o seus poemas-relâmpagos: "Ver com olhos livres". São fragmentos de ideias propondo a trilha das invenções e da surpresa propiciando encontros como Pedro Álvares Cabral e o carnaval, a floresta e a escola, Wagner nos cordões de Botafogo.

Nesse sentido, os escritos inquietos de Oswald podem dialogar com as construções das revistas de humor. Ambos elegem o riso e a

---

[88] Tais ideias foram analisadas em "Uma vertente humorística da modernidade: a revista Don Quixote". In: VELLOSO, 1996.

paródia carnavalizante como mediação através da qual se exercita o aprendizado do País. A D. *Quixote* sugere "Muito riso, muito siso", Oswald de Andrade propõe "A alegria como a prova dos nove".

O Oswald esgrimista e os caricaturistas, com os seus lápis-espadachins, se encontram no movimento de reconstruir a nacionalidade. Assim como Oswald de Andrade propunha-se a desconstruir o quadro histórico feito de "aberrações" contrapondo a originalidade nativa à "adesão acadêmica", os caricaturistas também acreditavam na história como uma invenção, já que o historiador era "dotado de imaginação". Ambos dialogam com base em uma matriz anarquista e contestadora recorrendo ao riso e ao humor como arma de combate.

Essa linguagem metafórico-poética foi retomada no *Manifesto Antropofágico*, que surgiu no primeiro número da *Revista de Antropofagia*, em São Paulo, no dia 1.° de maio de 1928.[89] Oswald aprofundava sua releitura crítica da história do Brasil e do processo colonizador, interpretando-as à luz das teorias revolucionárias e utópicas. Recortando tradições, com base na paródia emprestava novos significados ao aforismo clássico da dúvida de Hamlet, personagem de Shakespeare: "Tupi or not tupi".

A ideia central do *Manifesto* é minar e destruir as bases do sistema colonizador. A proposta para executá-la é a antropofagia; trata-se da antropofagia como ato de vingança. Tal ideia foi extraída da obra de Jean de Léry *Viagem ao Brasil*, no trecho em que Montaigne descrevendo a prática dos canibais, observara que "não o fazem entretanto para se alimentarem, como o faziam os antigos citas, mas sim em sinal de vingança".[90]

A proposta de unir as tradições ao moderno adquire outra estratégia: reagir contra a violência do processo colonizador, o que implicava uma mudança de atitude, rompendo-se com os ideais cristãos que nos foram legados: "Mas não foram os cruzados que vieram. Foram fugitivos de uma civilização que estamos comendo, porque somos fortes e vingativos, como o Jaboti".[91]

---

[89] *Revista de Antropofagia*. São Paulo: Abril/Metal Leve, 1975. (Reedição da Revista literária – 1 e 2 Dentições –1928-1929).

[90] Notas de Benedito Nunes ao *Manifesto Antropofágico*. In: SCHWARTZ, 1995.

[91] O Jaboti é o símbolo da astúcia, da paciência e da resistência na mitologia indígena, Cf. Benedito Nunes. In: SCHWARTZ, 1995.

Na relação que se estabelece com o tempo, o presente intensifica-se. Ele é ponto de partida e referência para a construção da utopia social de Oswald. Desde o *Manifesto do Pau-Brasil*, o autor já vinha insistindo na reafirmação do presente: a própria montagem do seu texto o revela. Oswald não é apenas um fotógrafo que observa o cotidiano através das lentes da sua Kodak. Ele desmonta e mostra o próprio processo de produção do seu texto: "Roteiros. Roteiros. Roteiros. Roteiros. Roteiros. Roteiros. Roteiros".

Os manifestos são parte do movimento incessante do tempo, captado no seu fluxo criador e libertário. Oswald encontra nessa temporalidade uma nova ordem: o matriarcado pindorama. Nega-se a sociedade patriarcal com a sua "moral da cegonha", a "ignorância real das coisas" e sobretudo a "falta de imaginação". Para assegurar a vitória dessa brasilidade-pindorama é preciso desmontar o repressivo sistema colonial político-religioso pois "Freud acabou com o enigma da mulher e com outros sustos da psicologia impressa" Nesse novo cenário da cultura brasileira, não há mais espaço para o indianismo romântico que "figurava nas óperas de Alencar cheio de bons sentimentos portugueses" Não há purismos nem ingenuidade a preservar, pois o País caminha agora integrado ao ritmo do processo civilizatório, "da revolução bolchevista, à revolução surrealista e ao bárbaro tecnizado de Keyserling.[92]

O tema central do *Manifesto* é a reação contra a dependência cultural. Porém, não a entendendo como mera recusa às vanguardas europeias (como o fizeram os verde-amarelos). A metáfora da antropofagia expressava uma assimilação crítica das influências visando garantir a autonomia intelectual. Na cerimônia guerreira em que se sacrificava o inimigo valente preso em combate, os indígenas o repudiavam, o assimilavam e superavam os seus valores. O bárbaro tecnizado de Keyserling. A imitação não digerida da metrópole ocasionara na brasilidade um trauma coletivo só resolvido após a transformação permanente do tabu em totem: "Contra a realidade

---

[92] Keyserling defendia uma filosofia baseada no "sentido da raça", acreditando que, para sobreviver no mundo moderno, as culturas deveriam manter-se fiéis ao seu espírito. Defensor do irracionalismo entendia que a Europa era responsável pela destruição dessas culturas. As ideias desse filósofo, provavelmente pela defesa que fazia da miscigenação, conquistaram os mais distintos grupos modernistas inclusive Mário de Andrade, Oswald de Andrade e os verde-amarelos.

social, vestida e opressora, cadastrada por Freud – a realidade sem complexos, sem loucuras, sem prostituições e sem penitenciárias do matriarcado Pindorama".

Essa proposta de apropriação da cultura europeia pelo "canibalismo cultural" foi dramatizada pelo grupo em uma série de reuniões em que se realizavam jantares. No cardápio, eram relacionados nomes dos personagens das culturas eruditas e populares que seriam deglutidos. A deglutição visava a integração ao acervo da cultura brasileira. No primeiro almoço do grupo antropofágico, realizado no Mappin Store, o palhaço Piolhim é devorado. No jantar literário realizado na casa de Paulo Prado constavam do programa sofisticadas apresentações: "O bandeirante Paulo Prato chorará sobre a trasteza do pó lhytico no Brasil" e "A gentil pintora caipiruska Tarsilowska do Amaral executará no alaúde a mazurka do Vira Bolos em o hino Nacional do Gotschalk".[93]

Recorrendo ao riso e à irreverência, os "jantares antropofágicos", realizavam uma operação cultural no mínimo curiosa: sacramentar referências que julgavam adequadas à integração, entre as quais se destaca a comunicação popular direta e criativa do circo. Inspirando-se nas figuras de personagens heroicos das culturas populares, como o palhaço Piolim, Mário procedera ao seu trabalho artesanal de criação literária. Ao deformar seus traços culturais, encontrara expressão para Macunaíma, Malazarte e Joaquim Bentinho transformando heróis em anti-heróis. Em Serafim Ponte Grande, Oswald de Andrade retomava traços da linguagem circense baseando-se nas construções múltiplas e fragmentárias, acentuando o malabarismo das palavras e a comicidade dos personagens. O circo traduzia valores considerados essenciais na nova estética: a inventividade e a espontaneidade.

Tarsila do Amaral destacava o palhaço Piolim como o "caricaturista perfeito do gesto" dada a sua enorme capacidade de improviso (Cf. AMARAL 2003, p. 306-307; FONSECA, 1979). Alcântara Machado, Yan de Almeida Prado, Couto de Barros e Álvaro Moreira destacaram-se entre os intelectuais que associaram as tradições circenses à tarefa de construção de uma nova estética. Como os demais modernistas brasileiros, os paulistas haviam descoberto que o

---
[93] Memória Paulistana. São Paulo, 1975.

passado não se encontrava em algum lugar longínquo e em oposição ao presente; ao contrário, fazia parte dele imprimindo lhe sentido.

Apesar das profundas diferenças de aparatos conceituais, de abordagens e de sensibilidades sociais, os intelectuais, aos quais nos reportamos foram mobilizados pela mesma questão: entender a brasilidade em conexão com a modernidade do mapa-múndi civilizacional. Foi o que fizeram os nordestinos, os mineiros, os cariocas e os paulistas em diferentes temporalidades e a partir de distintas experiências histórico-sociais e culturais.

Falando de outros países, mas compartilhando experiências históricas bastante próximas, situavam se os intelectuais latino-americanos. Elaborar a versão de uma temporalidade própria afinando-a com o espírito de criatividade foi desafio comum. Tais afinidades uniram Mário de Andrade à teoria do criacionismo do chileno Vicente Huidobro; os rapazes do interior mineiro de Cataguases aos intelectuais ligados às revistas literárias modernistas como *Martín Fierro, Sur, Critério e Proa*. O ingresso do Brasil nos "tempos modernos" abrangeu um arcabouço temporal extenso, iniciando-se em meados do século XIX e adentrando-se pela década de 1930. Não se trata de uma temporalidade voltada para noção de progresso linear e evolutivo.

Em termos de análise reflexiva, desde a década de 1960 começou-se a questionar a ideia do tempo e da história como ruptura. Essa percepção foi na realidade, fruto, de uma longa tradição que tem a Revolução Francesa de 1789 e a Revolução Russa de 1917 como linha mestra. Hoje os caminhos do moderno são bem mais complexos e se apresentam de formas múltiplas e fragmentárias. Introduzida pela filosofia de Jean François Lyotard, a ideia da pós-modernidade surgiu associada ao fracasso das grandes ideologias do progresso e da emancipação das massas, adotando-se atitude cética frente à razão e à ciência. Traduzidas e muito comentadas nos Estados Unidos, as obras de Michel Foucault, Gilles Deleuze, Jacques Derrida e Lyotard, desde a década de 1980, vêm colocando em questão as noções de identidade, recusando-se a pensar em termos de um sistema e de buscar um sentido para a história.

E interessante pensar o Modernismo da virada do século XIX para o XX a partir dessa panorâmica atual.

De certa maneira, os intelectuais daquela época já estavam colocando em questão os princípios de uma razão ordenadora e uma ciência universal. Perceberam as particularidades e as identidades articulando-as ao passado brasileiro.

Ao longo deste livro espero ter mostrado como a configuração do passado foi importante, transmutando-se em dimensão inspiradora para se pensar o moderno. Há passagens que traduzem claramente o impacto despertado por essa consciência. É o caso de Tarsila do Amaral, que se descobre moderna na "caipirinha de São Bernardo", Oswald identificando-se como "palhaço da burguesia" e Mário de Andrade reconhecendo-se no tupi tocando o alaúde. Os caricaturistas do Rio de Janeiro, numa vertente que articulava elementos do trágico à comicidade, oscilaram entre os turunas[94] e os quixotes.

Já em Minas, essa operação de reconhecimento do passado deu-se no sentido de um posicionar-se contra as propostas iconoclastas; uma das metas foi a busca do principio construtivo da educação.

Na documentação modernista guiando-se através das cartas, das crônicas, das poesias, dos manifestos e das obras das artes plásticas, uma questão fez-se recorrente: a urgência de integrar o passado como dimensão do presente. Conscientizava-se, enfim, de que essa era a condição para que o Brasil viesse a atingir o estatuto do moderno. Gilberto Freyre, escrevendo em 1925, chamara a atenção para o fato, observando os resultados da defasagem cultural nas fachadas dos edifícios públicos de Recife. Mercúrios, leões, figuras das quatro estações e eternas moças cor de rosa usando barretes frígios. Essa assimilação indiscriminada, na sua avaliação, transformava a tradição em algo inapropriado e caricatural.

O reconhecimento da identidade multifacetada do Brasil conectando passado e presente desencadeou um vasto trabalho e agregou várias gerações intelectuais. Esse diálogo de raízes e rupturas permite vislumbrar, a par das diferenças, Sílvio Romero dialogando com Mário de Andrade (inventário das tradições), Graça Aranha com Oswald de Andrade (o tempo cósmico), Cassiano Ricardo com Euclides da Cunha (ruralismo) Vários foram os diálogos momentâneos que se perderam no tempo como aquele estabelecido entre os jovens Sérgio Buarque de Holanda e Prudente de Moraes

---

[94] Termo de origem tupi *tur 'una* que, mesclando-se às culturas africanas, passou a designar "negro poderoso" e valente.

com Oswald de Andrade, criticando-se o construtivismo em prol da defesa do direito ao experimentalismo.

Várias também foram as tentativas de estabelecer pontes no fazer histórico como o fez Gilberto Freyre, ao longo de sua produção, buscando criar elos entre a *nouvelle histoire* francesa e a *new history*.

As vertentes analítica, intuitiva e satírico-humorística foram diferentes chaves, acessadas em diferentes momentos e por intelectuais de diferentes filiações, buscando abrir a mesma porta: a da brasilidade assegurando-se, assim, o acesso do País aos tempos modernos.

Referências

ADÉMA, Pierre-Marcel. *Guillaume Apollinaire*. Paris: Editions La Table Ronde, 1968. (Les vies perpendiculaires).

AMARAL, Aracy A. *Artes plásticas na semana de 1922*. São Paulo: Ed. 34, 1976.

AMARAL, Aracy A. *Blaise Cendrars no Brasil e os modernistas*. São Paulo: Fapesp/Editora 34, 1997.

AMARAL, Aracy A. *Tarsila, sua obra e seu tempo*. São Paulo: Ed. 34/Edusp, 2003.

AMARO, Austen. *Juiz de Fora, poema lírico*. Juiz de Fora: Funalba, 2004.

ANDERSON, Benedict. *Nações e consciência nacional*. São Paulo, Ática, 1989.

ANDRADE, Mário de. *Macunaíma, o herói sem nenhum caráter*. Rio de Janeiro: Livros Técnicos e Científicos, São Paulo: Secretaria de Ciência e Tecnologia, 1976. (Edição crítica de Telê Porto Acona Lopez, ilustrações de Pedro Nava).

ANDRADE, Mário de. *Paulicéia desvairada*. São Paulo: Casa Mayença, 1922.

ANDRADE, Mário de. *Pequena história da música*. São Paulo: Martins, 1980.

ANDRADE, Mário de. *Poesias completas*. Belo Horizonte: Itatiaia, 1987.

ANDRADE, Mário de. Prefácio interessantíssimo (fragmentos). In: SCHWARTZ, Jorge. *Vanguardas latino-americanas, polêmicas, manifestos e textos críticos*. São Paulo: Iluminuras/Edusp/Fapesp, 1995a.

ANDRADE, Mário de. Prefácio para Macunaíma (19/12/1926). In: SCHWARTZ, Jorge. *Vanguardas latino-americana, polêmicas, manifestos e textos críticos*. São Paulo: Iluminuras/Fapesp, 1995b.

ANDRADE, Oswald de. O futurismo tem tendências clássicas (1922). In: BOAVENTURA, Maria Eugênia (Org.). *Estética e política*. São Paulo: Globo, 1992.

ANDRADE, Oswald de. O modernismo (1954). In: BOAVENTURA, Maria Eugênia (Org.). *Estética e política*. Rio de Janeiro: Globo, 1992, p.120-127.

ANDRADE, Oswald de. Do Pau-Brasil à antropofagia e às utopias. *Obras completas*. Rio de Janeiro: Civilização Brasileira, 1972, v. VI.

ANTELO, Raul. Desvairio e criação pura. In: *Na ilha de Marapatá, Mário de Andrade lê os hispanos*. São Paulo: Hucitec, 1979a.

ANTELO, Raul. *Na ilha de Marapatá, Mário de Andrade lê os hispanos*. São Paulo: Hucitec, 1979b. (Prefácio de Alfredo Bosi).

ARAÚJO, Ricardo Benzaquen de. *Guerra e paz – Casa grande & senzala e a obra de Gilberto Freyre nos anos 30*. Rio de Janeiro: Ed. 34, 1994.

ARAÚJO, Ricardo Benzaquen de. In: *Apresentação. Novos estudos Cebrap – Leituras de Gilberto Freyre*. n. 56, março de 2000.

ARAÚJO, Ricardo Benzaquem de. *Guerra e paz, Casa- grande e Senzala e a obra de Gilberto Freyre*. São Paulo, Ed. 34, 2005 (2 ed).

ASSIS, Machado de. A Semana, 11 de novembro de 1894. In: *Obras Completas – crônicas (1871-1878)*. Rio de Janeiro/São Paulo: W. M. Jackson, 1959, p. 220-225.

ASSIS, Machado de. A Semana, 15 de agosto de 1877. In: *Obras Completas – crônicas (1871-1878)*. Rio de Janeiro/São Paulo: W. M. Jackson, 1953, p. 256-258.

ÁVILA, Affonso (Org.). A poesia modernista em Minas. In: *O Modernismo*. São Paulo: Secretaria de Cultura Ciência e Tecnologia, 1975.

ÁVILA, Affonso.*O modernismo*. São Paulo: Perspectiva, 1975.

BANDEIRA, Manuel. *Itinerário de Pasárgada*. Rio de Janeiro: S. José, 1957.

BANDEIRA, Manuel; DRUMMOND, Carlos. *Rio de Janeiro em prosa e verso*. Rio de Janeiro: Jose Olympio, 1965.

BANDEIRA, Manuel. *Andorinha, andorinha*. Rio de Janeiro: José Olympio, 1966.

BARBOSA, Francisco de Assis. *A vida de Lima Barreto*. Rio de Janeiro: José Olympio, 1959.

BAUDELAIRE, Charles. *Escritos sobre a arte*. Organização e tradução de Plínio Augusto Coelho. São Paulo: Hedra, 2008.

BAUDELAIRE, Charles. *O Spleen de Paris, pequenos poemas em prosa*. Lisboa: Relógio d'Água, 1991.

BELLUZO, Ana. *Modernidade e vanguardas artísticas na América*. São Paulo: Unesp/Memorial, 1990.

BENJAMIN, Walter. *Charles Baudelaire, um lírico no auge do capitalismo*. São Paulo: Brasiliense, v. 3, 2004. (Obras Escolhidas).

BOLLE, Willi. *Fisiognomia da metrópole moderna*. São Paulo: Fapesp/Edusp, 2000.

BOMENY, Helena. *Guardiães da razão, modernistas mineiros*. Rio de Janeiro: Tempo Brasileiro, 1994.

BRADBURY, Malcolm; MCFARLANE, James. *Modernismo – guia geral*. Rio de Janeiro: Companhia das Letras, 1989a.

REFERÊNCIAS

BRADBURY, Malcolm; MCFARLANE, James. *O mundo moderno, dez grandes escritores*. São Paulo: Companhia das Letras, 1989b.

BRADBURY, Malcolm. As cidades do modernismo. In: BRADBURY, Malcolm; MCFARLANE, James. *Modernismo – guia geral*. Rio de Janeiro: Companhia das Letras, 1989.

BUENO, Antônio Sérgio. *O modernismo em Belo Horizonte: década de 1920*. Belo Horizonte: UFMG; PROED, 1982.

BURKE, Peter. Gilberto Freyre e a nova história. In: *Tempo Social*. Revista de Sociologia da USP, São Paulo 9(2): 1-12, outubro, 1997.

BURKE, Peter. *Cultura popular na Idade Média, Europa, 1500-1800*. São Paulo: Companhia das Letras, 1989.

CAMARGO, Márcia. *Paulicéia – semana de 22 - entre vaias e aplausos*. São Paulo: Boitempo, 2002.

CANDIDO, Antonio. *Literatura e sociedade. Estudos de teoria e história literária*. São Paulo: Nacional, 1965.

CANCLINI, Néstor G. *Culturas híbridas*. São Paulo: Edusp, 2000.

CARVALHO, José Murilo de. Brasil 1870-1914: a força da tradição. In: *Pontos e bordados, escritos de história política*. Belo Horizonte: Ed. UFMG, 1999.

CARVALHO, José Murilo de. Os bestializados e a República que não foi. São Paulo: Companhia das Letras, 1987.

CÉSAR, Guilhermino. Leite crioulo. In: *Leite crioulo*. Belo Horizonte, n. 1, 13 de maio de 1929.

CÉSAR, Guilhermino. *Os verde da verde. Introdução à edição fac-símile*. São Paulo: Metal Leve, 1978.

CORBIN, Alain. *Historien du sensible: entretiens avec Giles Heuré*. Paris: La Découverte, 2000.

CHARLE, Christophe. *Le siècle de la presse (1830-1939)*. Paris: Éditions du Seuil, 2004.

CHARTIER, Roger. A nova história cultural existe? In: LOPES, Antônio Herculano; VELLOSO, Mônica Pimenta; PESAVENTO, Sandra Jatahy. *História e linguagens: texto, imagem, oralidade e representações*. Rio de Janeiro: FCRB/7 Letras, 2006.

CHARTIER, Roger. Cultura popular. In: BURGUIÉRE (Org.). *Dicionário das ciências históricas*. Rio de Janeiro: Imago, 1983.

CURY, Maria Zilda Ferreira. *Horizontes modernistas, o jovem Drummond e seu grupo em papel jornal*. Belo Horizonte: Autêntica, 1998.

DE CERTEAU, Michel de. *A escrita da história*. Rio de Janeiro: Forense, 1982.

DE CERTEAU, Michel de. *Cultura no plural*. Campinas: Papiro, 1995.

DIAS, Fernando Correia. Gênese e expressão grupal do modernismo em Minas. In: ÁVILA, Affonso. *O modernismo*. São Paulo: Perspectiva, 1975.

DIAS, Fernando Correia. *O movimento modernista em Minas, uma interpretação sociológica*. Belo Horizonte: Ebrasa 1971.

DIMAS, Antônio; LEENHARDT, Jacques; PESAVENTO, Sandra Jatahy (Orgs.) *Reinventar o Brasil – Gilberto Freyre entre historia e ficção*. São Paulo: EDUSP, 2006.

DIMAS, Antônio. Um manifesto guloso. In: KOSMINSKY, Ethel Volfzon; LEPINE, Claude; PEIXOTO, Fernanda Áreas (Orgs.). *Gilberto Freyre em quatro tempos*. Bauru/São Paulo: Edusc, 2003.

DOYLE, Plínio. *História de revistas e jornais literários*. Rio de Janeiro: MEC, 1979.

DUQUE, Gonzaga. *Os contemporâneos, pintores e escultores (1991)*. Rio de Janeiro: Tipografia Benedito de Sousa, 1929.

DUTRA, Eliana de Freitas (Org.). *BH: horizontes históricos*. Belo Horizonte: Editora c/Arte, 1996.

EULÁLIO, Alexandre. *A aventura brasileira de Blaise Cendrars*. 2. ed. São Paulo: Edusp; Fapesp; Imprensa Oficial, 2001.

FARGE, Arlette. Qu'est-ce q'un événement? Penser et definir l'événement en histoire. *Terrain, revue d'éthnologie de l'Europe*. Paris, n. 38, mars 2002.

FARGE, Arlette. *Le gout de l'archive*. Paris: Seiul, 1989.

FARGE, Arlette. *Quel bruit ferront-nous*? Paris: Les Prairies Ordinaires, 2005.

FONSECA, Maria Augusta. *Palhaço da burguesia*. São Paulo: Polis, 1979.

FREIRE, Giberto. *Casa grande & senzala. Formação da família brasileira sob o regime da economia patriarcal*. 5 ed. revisada. São Paulo: Global, 2006.

FUNES, Patrícia. *Salvar la nación intelectuales, cultura y política en los años veinte latinoamericanos*. Buenos Aires: Prometeo, 2006.

GAY, Peter. *Modernismo, o fascínio da heresia – de Baudelaire a Beckett e mais um pouco*. São Paulo: Companhia das Letras, 2009.

GINZBURG, Carlo. *O queijo e os vermes; o cotidiano e as ideias de um moleiro perseguido pela Inquisição*. São Paulo: Companhia das Letras, 1987.

GINZBURG, Carlo. *Mito, emblemas e sinais*. São Paulo: Companhia das Letras, 1990.

GOMES, Ângela Maria de Castro. *Essa gente do Rio.... modernismo e nacionalismo*. Rio de Janeiro: Fundação Getúlio Vargas, 1999.

GOULEMOT, Jean-Marie. Da leitura como produção de sentidos. In: CHARTIER, Roger (Org.). *Práticas de leituras*. São Paulo: Estação Liberdade, 2007.

GOULEMOT, Jean-Marie. História literária. In: BURGUIERE, André. *Dicionário das ciências históricas*. Rio de Janeiro: Imago, 1993.

GRUZINSKI, Serge. De Matrix a Camões: história cultural e história global entre a mundialização ibérica e a mundialização americana. In: LOPES, Antônio Herculano; VELLOSO, Monica Pimenta; PESAVENTO, Sandra Jatahy. *História e linguagens*: texto, imagem, oralidade e representações. Rio de Janeiro: FCRB/7 Letras, 2006.

GRUZINSKI, Serge. *La Guerre des Images de Cristophe Colomb à "Blade Runner"*. Paris: Fayard, 1990.

GRUZINSKI, Serge. *La Pensée Métisse*. Paris: Librairie Arthème Fayard, 1999a.

GRUZINSKI, Serge. *O pensamento mestiço*. São Paulo: Companhia das Letras, 1999b.

GUIMARÃES, Júlio Castañon. Em torno de um livro esquecido. In: AMARO, Austen. *Juiz de Fora, poema lírico*. Juiz de Fora: Funalba, 2004.

HARDMAN, Francisco Food. *Trem fantasma, a modernidade da selva*. São Paulo: Companhia das Letras, 1988.

HOLANDA, Sérgio Buarque de. Entrevista. In: SENNA, Homero. *República das letras*. Rio de Janeiro: Gráfica Editora, 1968.

HOLANDA, Sérgio Buarque de. *O espírito e a letra*. São Paulo: Companhia das Letras, v. 1, 1996a.

HOLANDA, Sérgio Buarque de. O futurismo paulista. In: *O espírito e a letra*. São Paulo: Companhia das Letras, v. 1. 1996b.

JARDIM, Eduardo. *Mário de Andrade, a morte do poeta*, Rio de Janeiro: Civilização Brasileira, 2005.

JAUSS, Hans Robert. Tradição literária e consciência atual da modernidade. In: OLINTO, Heidrum Krieger (Org.). *Histórias de literatura: as novas teorias alemãs*. São Paulo: Ática, 1996.

KALIFA, Dominique. L'histoire culturelle contre l'histoire sociale? In: MARTIN, Laurent; VENAGRE, Sylvain. *L'histoire culturelle du contemporain*. Paris: Nouveau Monde Éditions, 2005.

KARL, Frederick. *O moderno e o modernismo, a soberania do artista 1885-1925*. Rio de Janeiro: Imago, 1988.

KOIFFMAN, Georgina. *Cartas de Mário de Andrade a Prudente de Moraes Netto 1924/36*. Rio de Janeiro: Nova Fronteira, 1985.

KOSMINSKY, Ethel Volfzon; LEPINE, Claude; PEIXOTO, Fernanda Áreas (Orgs.). *Gilberto Freyre em quatro tempos*. Bauru/São Paulo: Edusc, 2003.

LAMOUNIER, Bolívar. Formação de um pensamento político autoritário na Primeira República; uma interpretação. In: *O Brasil Republicano, sociedade e instituições*. São Paulo: Difel, 1977. p. 343- 374.

LARA, Cecília de. *A alegre e paradoxal revista* Verde *de Cataguases. Introdução à edição fac-símile*. São Paulo: Metal Leve, 1978.

LARRETA, Enrique Rodriguez; GIUCCI, Guillermo. *Gilberto Freyre, uma biografia cultural*. Rio de Janeiro: Civilização Brasileira, 2007.

LE GOFF, Jacques. Antigo/Moderno. In: *Enciclopédia Einaudi*. Lisboa: Imprensa Nacional-Casa da Moeda, v. 1, 1984a. (Memória/História).

LE GOFF, Jacques. História. In: *Enciclopédia Einaudi*. Lisboa: Imprensa Nacional/Casa da Moeda, 1984b. (Memória/História), p. 158-259.

LEENHARDT, Jacques. A consagração da França de um pensamento heterodoxo. In: DIMAS, Antônio; LEENHARDT, Jacques; PESAVENTO, Sandra Jatahy (Orgs.) *Reinventar o Brasil – Gilberto Freyre entre historia e ficção*. São Paulo: EDUSP, 2006, p. 25-40.

LEMAIRE, Ria. Amores inteligentes. In: DIMAS, Antônio; LEENHARDT, Jacques; PESAVENTO, Sandra Jatahy (Orgs.). *Reinventar o Brasil – Gilberto Freyre entre historia e ficção*. São Paulo: EDUSP, 2006. p 75-98.

LIMA, Luís Costa. *O controle do imaginário e a afirmação do romance*. São Paulo: Companhia das Letras, 2009.

LIMA, Nísia Trindade. *Um sertão chamado Brasil, intelectuais e representação geográfica da identidade nacional*. Rio de Janeiro: Revan, 1998.

LINS, Vera. *Gonzaga Duque: a estratégia do franco-atirador*. Rio de Janeiro: Tempo Brasileiro, 1991.

LINS, Vera. *Novos Pierrots, velhos saltimbancos: os escritos de Gonzaga Duque e o final do século XIX carioca*. Curitiba: Secretaria de Estado e Cultura, 1997.

LOPES, Antônio Herculano; VELLOSO, Monica Pimenta; PESAVENTO, Sandra Jatahy. *História e linguagens, texto, imagem, oralidade e representações*. Rio de Janeiro: Edições Casa de Rui Barbosa /7 Letras, 2006.

LOPEZ, Telê Ancona. Prefácio. In: ANDRADE, Mário de. *Macunaíma, o herói sem nenhum caráter*. Rio de Janeiro: Livros Técnicos e científicos, São Paulo: Secretaria de Ciência e Tecnologia, 1976.

LUSTOSA, Isabel. *O Brasil pelo método confuso, humor e boemia em Mendes Fradique*. Rio de Janeiro: Bertrand, 1993.

MACHADO, Luís Toledo. *Antônio de Alcântara Machado e o modernismo*. Rio de Janeiro: José Olympio, 1970.

MANHEIM, Karl. O pensamento conservador. In: MARTINS, José de Souza (Org.). *Introdução crítica à socióloga rural*. São Paulo: Hucitec, 1981. p. 77-131.

MARTINS, Ana Luíza. *Revistas em revista: práticas culturais em tempos de República, 1890-1922*. São Paulo: Fapesp/Edusp/Imprensa Oficial, 2001.

MCFARLANE, James. O espírito do modernismo. In: BRADBURY, Malcolm; MCFARLANE, James (Orgs.). *Modernismo – guia geral*. São Paulo: Companhia das Letras, 1989. p. 55- 74.

MORAES, Eduardo Jardim de. Modernismo revisitado. In: *Estudos históricos*. Rio de Janeiro, v. 1, n. 2, 1988, p. 220-238.

MORAES, Eduardo Jardim de. *A brasilidade modernista na sua dimensão filosófica*. Rio de Janeiro: Graal, 1978.

MORAES, Eduardo Jardim de. *A constituição da ideia de modernidade no modernismo brasileiro*. Rio de Janeiro, 1983. fl Tese (Doutorado em Filosofia) – Universidade Federal do Rio de Janeiro, Rio de Janeiro, 1983.

MOURA, Emílio. *Vida ociosa*. A Revista, n. 3, setembro de 1925.

NAVES, Santuza Cambraia. *O violão azul, modernismo e música popular*. Rio de Janeiro: Fundação Getúlio Vargas, 1998.

NEVES, Margarida de Sousa. Da maloca do Tietê ao império do mato virgem – Mário de Andrade: roteiros e descobrimentos. In: CHALHOUB, Sidney; PEREIRA, Leonardo Affonso de M. *A História contada, capítulos de História social e literatura no Brasil*. Rio de Janeiro, Nova Fronteira , 1998. p. 265-300.

NUNES, Benedito. Estética e correntes do modernismo. In: ÁVILA, Afonso. *O modernismo*. São Paulo: Perspectiva, 1975.

OEHLER, Dolf. *O velho mundo desce aos infernos; auto-análise da modernidade após o trauma de Junho de 1848*. São Paulo: Companhia das Letras, 1999.

OLIVEIRA, Lúcia Lippi; VELLOSO, Monica Pimenta; GOMES, Ângela Maria de Castro. *Estado novo; ideologia e poder*. Rio de Janeiro: Zahar, 1982.

PATROCÍNIO FILHO, José do. Prefácio. In: THEO FILHO. *Annita e Plomark, aventureiros*. Rio de Janeiro: B. Costallat e Miccolis, 1923.

PAZ. Otavio. Poesia e modernidade. In: *A outra voz*. São Paulo: Siciliano, 1993.

PESAVENTO, Sandra Jatahy. De Recife para o mundo. In: DIMAS, Antônio; LEENHARDT, Jacques; PESAVENTO, Sandra Jatahy (Orgs.). *Reinventar o Brasil – Gilberto Freyre entre historia e ficção*. São Paulo: EDUSP, 2006.

PESAVENTO, Sandra Jatahy. Precursores e redescobertas: a arqueologia da história cultural. In: *História e história cultural*. Belo Horizonte: Autêntica, 2003. p. 19-38.

PESAVENTO, Sandra Jatahy. Sensibilidades: escrita e leitura da alma. In: PESAVENTO, Sandra Jatahy; LANGUE, Frédérique. (Org.) *Sensibilidades na história: memórias singulares e identidades sociais*. Porto Alegre: UFRGS, 2007, p. 9-22.

PROST, Antoine. *Douze leçons sur l'histoire*. Paris: Éditions du Seuil, 1996.

REVEL, Jacques. Microanalyse et construction du Social. In: *Parcours critique; douze exercises d'histoire social*. Paris: Galaache éditions, 2006.

REVISTA DE ANTROPOFAGIA. São Paulo: Abril/Metal Leve, 1975. (Reedição da Revista literária – 1 e 2 Dentições –1928-1929).

RIOUX, Jean-Pierre; SIRINELLI, Jean François (Dir.). *La Culture de Masse en France de la belle époque à aujourd'hui*. Paris: Fayard, 2002.

RODRIGUES, Antônio Edmilson M. A querela entre os antigos e modernos: genealogia da modernidade. In: RODRIGUES, Antônio Edmilson M.; FALCON, Francisco José Calazans. *Tempos modernos, ensaios de história cultural*. Rio de Janeiro: Civilização Brasileira, 2000.

ROEKENS, Anne. Les identités collectives, l'apport des sciences sociales. In: VAN YPERSELE, Laurence. (Dir.). *Questions d'histoire contemporaine, conflits, mémoires et identité*. Paris: PUF, 2006.

SANTIAGO, Silviano. Atração do mundo; políticas de globalização e de identidade na moderna cultura brasileira. *Revista Gragoatá*. Niterói: UFF, 1996.

SANTIAGO, Silviano. Permanência do discurso da tradição no modernismo. In: *Cultura brasileira: tradição e contradição*. Rio de Janeiro: Funarte/Zahar, 1987.

SANTIAGO, Silviano. *As raízes e o labirinto da América Latina*. Rio de Janeiro: Rocco, 2006.

SANTIAGO, Silviano. Suas cartas, nossas cartas. In: ANDRADE, Carlos Drummond de; ANDRADE, Mário de. *Carlos e Mário* (Prefácio e notas de Silviano Santiago). Rio de Janeiro: Bem te vi, 2002.

SCHWARTZ, Jorge. *Vanguardas latino-americanas – polêmicas, manifestos e textos críticos*. São Paulo: Fapesp/Edusp, 1995.

SENNA, Homero. Entrevista a Carlos Drummond de Andrade. Apêndice – O modernismo em Minas Gerais. In: *República das letras*. Rio de Janeiro: Gráfica Editora, 1968a.

SENNA, Homero. Entrevista a Sérgio Buarque de Holanda. In: *República das letras*. Rio de Janeiro: Gráfica Editora, 1968b.

SENNA, Marta de. Shakespeare, Sterne e Machado: a little more than kin and less than kind. *Terceira Margem*. Rio de Janeiro, v. 2, n. 2, p. 157-163, 1994.

SEVCENKO, Nicolau. *Literatura como missão, tensões e criação cultural na Primeira República*. São Paulo: Brasiliense, 1983.

SEVCENKO, Nicolau. *Orfeu extático na Metrópole: São Paulo nos frementes anos 20*. São Paulo: Companhia das Letras, 1992.

SILVA, Marcos. *Caricata República – Zé Povo e o Brasil*. São Paulo: Marco Zero/CNPq, 1990. (Coleção Onde está a República?).

SIMMEL, Georg. A metrópole e a vida mental. In: VELHO, Otávio. *O fenômeno urbano*. Rio de Janeiro: Zahar, 1976.

SOUZA, Gilda de Mello. *O tupi e o alaúde, uma interpretação de Macunaíma*. São Paulo: Duas cidades, 1979.

SUSSEKIND, Flora. *Cinematógrafo das letras; literatura, técnica e modernização no Brasil*. São Paulo: Companhia das Letras, 1987.

SUSSEKIND, Flora. O figurino e a forja. In: *Sobre o pré-modernismo*. Rio de Janeiro: Fundação Casa de Rui Barbosa, 1988.

TELLES, Gilberto de Mendonça. *Vanguarda europeia e modernismo brasileiro: apresentação dos principais poemas, manifestos, prefácios e conferências vanguardistas, de 1857 a 1972.* 18. ed. Petrópolis/RJ: Vozes, 2005.

THERENTY, Marie-Eve; VAILLANT, Allain. Histore litteraire et histoire culturelle. In: VENAGRE, Sylvain; MARTIN, Laurent. *L'Histoire Culturelle du Contemporain.* Paris: Nouveau, 2005.

TRAVASSOS, Elizabeth. *Os mandarins milagrosos – arte e etnografia em Mário de Andrade e Bella Bartok.* Rio de Janeiro: Funarte; Jorge Zahar, 1977.

VALÉRY, Paul. *Degas, dança, desenho.* São Paulo: Cosac Naify, 2003.

VELHO, Otávio. *O fenômeno urbano.* Rio de Janeiro: Zahar, 1976.

VELLOSO, Monica Pimenta. As distintas retóricas do moderno. In: LINS, Vera; Velloso, Monica Pimenta; OLIVEIRA, Cláudia. *O moderno em revistas.* Rio de Janeiro: Garamont, 2010.

VELLOSO, Monica Pimenta. As gírias e a memória corpóreo-gestual. In: *A cultura das ruas no Rio de Janeiro: mediações, linguagens e espaços.* Rio de Janeiro: Edições Casa de Rui Barbosa, 2004.

VELLOSO, Monica Pimenta. Brasilidade verde-amarela: nacionalismo e regionalismo paulista. In: *Estudos históricos.* Rio de janeiro, v. 6, n.11, 1993. p. 89-102.

VELLOSO, Monica Pimenta. É quase impossível falar a homens que dançam: representações sobre o nacional popular. *Fênix – Revista de História e Estudos Culturais,* Universidade Federal de Uberlândia, v. 4, n. 4, out/dez, p. 1-16, 2007a

VELLOSO, Monica Pimenta. Entre o sonho e a vigília; o tema da amizade na escrita modernista. *TEMPO. Revista do Departamento de História da Universidade Federal Fluminense* (Dossiê: A nova "velha" República), número 26, 2009.

VELLOSO, Monica Pimenta. Escritas de si e do tempo: a dança como metáfora. In: VELLOSO, Monica Pimenta; ROUCHOU, Joelle; OLIVEIRA, Cláudia. *Corpo: Identidades, memórias e subjetividades.* Rio de Janeiro: Mauad, 2010.

VELLOSO, Monica Pimenta. Las Ciudades de los Sentidos: Paris, Rio de Janeiro y Buenos Aires. *Nuevo Mundo-Mundos Nuevos,* v. 1, p. 1-12, 2007b.

VELLOSO, Monica Pimenta. *Modernismo no Rio de Janeiro, turunas e quixotes.* Rio de Janeiro: FGV, 1996.

VELLOSO, Monica Pimenta. Narrativas da brasilidade: Paris, Rio de Janeiro e o maxixe. *Escritos 2. Revista da Fundação Casa de Rui Barbosa,* ano 2, n. 2, 2008.

VELLOSO, Monica Pimenta. *O mito da originalidade brasileira: a trajetória de Cassiano Ricardo do modernismo ao Estado Novo.* Dissertação (Mestrado em Filosofia)– Pontifícia Universidade Católica do Rio de Janeiro, Rio de Janeiro,1983.

VELLOSO, Monica Pimenta. Percepções do moderno: as revistas do Rio de Janeiro. In: NEVES, Lúcia Maria Bastos; MOREL, Marcos; FERREIRA, Tânia Maria Bezoni (Orgs.). *História e imprensa; representações culturais e práticas de poder*. Rio de Janeiro: DPA/ Faperj, 2006a.

VELLOSO, Monica Pimenta. Um folhetinista oral: dramatizações e representações da vida intelectual na virada do século XIX. In: LOPES, Antônio Herculano; VELLOSO, Monica Pimenta; PESAVENTO, Sandra Jatahy. *História e linguagens, texto, imagem, oralidade e representações*. Rio de Janeiro: Edições Casa de Rui Barbosa /7 Letras, 2006b.

VELLOSO, Monica Pimenta; LINS, Vera; OLIVEIRA, Cláudia. *Corpo: Identidades, memórias e subjetividades*. Rio de Janeiro: Mauad, 2010.VENTURA, Roberto. *Estilo tropical, história cultural e polêmicas literárias na Primeira República*. São Paulo: Companhia das Letras, 1991.

VENTURA, Roberto. Os sertões entre dois centenários. In: MADEIRA, Angélica; VELOSO, Mariza (Orgs.). *Descobertas do Brasil*. Brasília: UNB, 2001, p. 109-123..

QUALQUER LIVRO DO NOSSO CATÁLOGO NÃO ENCONTRADO NAS LIVRARIAS PODE SER PEDIDO POR CARTA, FAX, TELEFONE OU PELA INTERNET.

Rua Aimorés, 981, 8° andar – Funcionários
Belo Horizonte-MG – CEP 30140-071

Tel: (31) 3222 6819
Fax: (31) 3224 6087
Televendas (gratuito): 0800 2831322

vendas@autenticaeditora.com.br
www.autenticaeditora.com.br

ESTE LIVRO FOI COMPOSTO COM TIFOGRAFIA TIMES NEW ROMAN
E IMPRESSO EM PAPEL OFF SET 75 G NA FORMATO ARTES GRÁFICAS.
